불확실한
주식시장에서
살아남기

서정훈의 스치면 상한가 특강
불확실한 주식시장에서 살아남기

초판 1쇄 발행 | 2020년 1월 5일

지 은 이 | 서정훈
펴 낸 이 | 이성범
펴 낸 곳 | 도서출판 타래
표지디자인 | 김인수
본문디자인 | 권정숙

주소 | 서울시 마포구 성지3길 29 그레이트빌딩 3층
전화 | (02)2277-9684~5 / 팩스 | (02)323-9686
전자우편 | taraepub@nate.com
출판등록 | 제2012-000232호

ISBN 978-89-8250-120-3 (13320)

- 이 책은 저작권법에 의해
  한국 내에서 보호를 받는 저작물이므로
  무단 전재와 무단 복제를 금합니다.
- 값은 뒤표지에 있습니다.
- 파본은 구입한 서점에서 교환해 드립니다.

서정훈의 스치면 상한가 특강

불확실한 주식시장에서 살아남기

**어떤 주가의 움직임도
이 책의 그물을 피할 순 없다**

서정훈 지음

팔면 상한가, 사면 하한가인 **개미들**에게
어떤 **주식**이 **상한가**로 가는지 알려준다

도서출판 **타래**

| 이 책을 읽기 전에 |

그동안 수많은 강의와 주식 교육을 하며 직접 느낀 것을 이 책에 담았다.

주식 입문 시절에는 정말 아무것도 모르고 했었다. 주위의 친한 지인이 하면 신기해서 '내 것도 해달라'고 한 것이 처음이었다.

조금 알고나서부터는 재미도 있었다. 그리고 장외주식에도 투자해봤고 가진 주식이 휴지도 되어봤다.

필자는 공학도 출신으로서 기술자의 길을 걸어오다 금융 쪽으로 들어섰다. 이 길에 입문한 이래 지금까지 많은 책을 보고 공부도 하고 해왔는데 아쉬운 점이 많았다.

그 아쉬운 점이라는 것은 거의 모든 책이 천편일률적으로 성공 사례에 대해서만 언급하고 실패의 위험성에 대해서는 차트 설명을 하지 않았다는 것이었다.

이 책은 모든 차트 분석에서 실패에 대한 두려움으로 만들어졌다.

그래서 어떠한 주가의 움직임도 이 책의 그물에서 벗어날 수 없도록 세부적으로 접근했다.

또한 기존의 많은 책이 실전과는 거리가 너무나도 동떨어진 아주 기본적인 말만 번지르하게 늘어 놓았다는 것이 필자를 항상 화나게 만들었는데 도덕 교과서에나 나오는 이론만 박사인 책들은 이제는 접하지 말자.

이론적으로 틀린 말은 아닌데 필자는 실전에선 아무짝에도 쓸모없는 그런 책들은 휴지에 불과하다고 생각한다.

예를 들어 계란을 한 바구니에 담지 말라는 내용으로 세 페이지를 장식하고 물타기를 해서는 안 된다는 이야기로 세 페이지를 채우고, 달리는 말에 올라타라는 내용 등을 나열하면서 책 한 권을 채우는 그런 서적들이 활개를 치고 있는 것이 현실이다. 실전과 너무나도 동떨어진 이론에 매몰된 서적…

그건 실전 주식 서적이 아니라 주식 교양 서적이다.

필자의 책은 주식 교양서가 아닌 전쟁에서 승리할 수 있는 일격필살의 전투 방법에 관한 책이다.

지금까지 실전에서 실패한 사람들만 이 책을 보라.

주식의 핵심 엑기스만 확실하게 뽑아 만든 책이다. 이 책을 완벽하게 자신의 것으로 만들어라. 이 책을 머리로 공부하지 말고 가슴으로 공부하란 뜻이다.

주식을 머리로 공부한 사람은 말로는 박사지만 실전에서는 항상 깨지게 되어 있다.

왜? 머리로는 모르는 게 없는데 가슴에는 결정장애가 생기기 때문이다.

완벽하게 아는 건 가슴으로 아는 것이다. 머릿속에는 암기했는데 알고 배운대로 행하지 못하는 것은 아는 게 아니다.

주식은 가슴으로 하라.

주식은 비중이 결정한다.

아무리 수익이 많이 나도 비중 조절에 실패하면 계좌 잔고는 결코 불어나지 않는다.

이 책을 공부하다 보면 어떤 종목에 어떤 매매기법에 비중을 실어야 할지가 보이게 된다.

어떤 일이 있어도 이 책을 책상머리에서 치우지 말라.

실전매매에 별로 쓰지도 않는 잡다한 내용으로 채워진 책이 아니라 정말 실전 핵심 기법들만으로 짜여진 책이니 자다가도 이 책의 내용을 가슴으로 적셔라. 그래야 성공할 수 있다.

실전 매매 초고수의 길을 가고 싶은 사람은 꼭 이 책을 봐야 할 것이다.

그래서 이 책은 초보자도 이해할 수 있도록 아주 쉽게 엑기스만 정리하였다.

이 책은 주식과 관련된 이론 공부를 시키는 교양서가 아닌 전투 지침서라고 할 수 있다.

아래에 해당하는 투자자들은 무조건 이 책을 봐야 한다.

- 13일 이평선의 기울기가 하락하기 위해서는 오늘을 포함하여 며칠 전의 주가가 오늘의 주가보다 높아야 하는가?
1초 안에 답하지 못하면 이평선이 뭔지도 모르는 투자자다.
- 주당순이익은 당기순이익에서 총 발행 주식 수를 나누면 답이 나온다. 이를 맞다고 생각하는 투자자는 개념부터 다시 정립하라.
- 지수상승률보다 항상 계좌수익률이 낮은 사람
- 언제나 마이너스 계좌로 사는 인생
- 어쩌다 수익난 게 자기가 잘해서 수익 난 줄 알고 착각 속에 살다 피눈물 흘려 본 사람
- 증권 사이트에서 전문가를 추천받아 매수해서 여전히 고생하고 있는 투자자
- 전문가 상담을 받으려고 이리저리 문자 보내고 통화를 시도하는 사람
- 전문가 의존하는 투자인생이 자존심이 상한다고 생각되면 사람
- 신고가에 거래가 터지면 매수 급소라 생각하는 어리석은 투자자
- '이 정도 **빠졌는데** 더 빠지겠어.' 하는, 기준 없는 물타기 투자자
- 거래량 급증이 매수세 유입, 상승 신호라 생각하고 매수하는, 자기 눈 자기가 찌르는 투자자

- 보조 지표 신호 보고 매매했다가 쓴맛 본 사람

- 내가 팔면 오르고 내가 사면 내리는, 스스로를 루저라고 생각하는 투자자

- 주식으로 집 한 채 이상 날려먹었다고 생각하는 불쌍한 투자자

- 주식으로 손실 보고 수업료 지불했다고 생각하고 스스로를 위로하는 투자자

- 주식으로 주식을 해결해야만 하는 전업 투자자

- 10권 이상의 주식 책을 읽었지만 투자에 별 도움이 안 된다고 생각한 사람

- 주식은 무조건 비중이다. 비중의 중요성을 모르는 투자자

- 입으로는 주식 박사인 투자자

- 오기로 주식하는 투자자

- 주식으로 명품족이 되고 싶은 투자자

- 주식으로 유럽 여행 다니고 싶은 투자자

- 주식으로 비자금을 넉넉하게 만들고 싶은 투자자

- 주식으로 배우자의 기를 좀 살려주고 싶은 투자자

- 주식으로 노후 자금을 안전하고 확실하게 장만하고픈 투자자

이런 사람들은 무조건 이 책을 보고 가슴에 담아야 하는 사람들이다.

| 차 례 |

들어가는 말 ········ 04

1장
성공투자의
(주식으로 돈 벌기 위한) 필수 조건

1. 주식 투자의 성공 확률은 얼마나 될까? ········ 16
2. 자신만의 무기를 만들자 ········ 18
3. 시장은 외국인의 철저한 이해관계로만 움직인다 ········ 21
4. 주가와 환율에 따른 외국인의 손익관계 ········ 23
5. 성공투자의 4요소는 무조건 지켜져야 한다 ········ 26
6. 시장을 판단하지 못하면 절대 돈을 벌 수 없다 ········ 27
7. 시황을 판단하기 위한 여러 가지 툴 ········ 32

2장

산업을 분석해야 대박주를 매집할 수(찾을 수) 있다

1. 주도 업종의 탄생 신호는 어떻게 알 수 있나? ········ 40
2. 반도체와 4차 산업혁명 ········ 41
3. 대박주를 매수하기 위해서는 어떤 종목을 분석하고
   선택해야 하는가? ········ 47
4. 삼성전자의 주도주 등극 요인 분석 ········ 49
5. 선택한 종목의 매매 타임 찾기 ········ 56
6. 나에게 맞는 매매법은 무엇인가? ········ 57

3장

주식 투자는 타이밍의 예술사만 이길 수 있는 게임이다

1. 캔들 편(캔들은 기본이다. 기본기가 탄탄해야 승률이 높아진다.) ·········· 60

   1-1. 단일캔들의 의미

   1-2 복합캔들의 의미(두 개 이상의 봉을 분석하며 추세를 예상)

2. 추세 편 ·········· 90
3. 이평선 ·········· 146

4장

가치 분석과 이론주가

1. 재무제표의 이해 ·········· 173
2. 대차대조표란? ·········· 174
3. 손익계산서란? ·········· 176
4. 현금흐름표란? ·········· 178
5. 가치 찾기의 기본 개념 정립 ·········· 182
6. 주가의 가치찾기 ·········· 186
7. 이론 주가 찾기 ·········· 193

5장

실전에서 유용한 매매기법

1. 일목균형 ········ **202**
   - 구성 요소
   - 기술적 분석과의 차이
   - 특징
   - 전환선
   - 기준선
   - 역전과 호전
   - 선행스팬
   - 후행스팬
   - 구름대
   - 일목균형 핵심 요약
     (이것만 알면 일목균형의 엑기스를 얻는다.)

6장

보조 지표를 알면 주식이 쉬워진다

- MACD매매 ········ **226**
- 스토캐스틱매매
- RSI매매
- DMI매매
- 한 가지 보조 지표에 매몰되지 말라
- 매매신호의 핵심

7장

초보자도 할 수 있는 인공지능 AI매매

1. 매수 급소 종목을 실시간으로 직접 발굴하자 ········ **241**
2. 인공지능매매의 기본 ········ **244**
3. 인공지능매매에 사용되는 기초 수식을 이해 ········ **245**

실전 예

- 역망치형패턴의 매수 급소 종목 실시간 검출 프로그램 작성 ········ **247**
- 역망치형패턴+망치형패턴의 망치 매수 급소 종목 실시간 검출 프로그램 작성 ········ **248**

1장

성공투자
(주식으로 돈을 벌기 위한)의 필수 조건

1. 주식 투자의 성공 확률은 얼마나 될까?

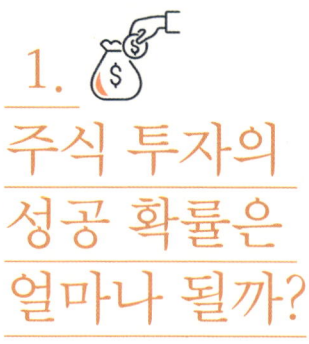

우리나라의 개인 주식 투자 인구는 500만 명 정도라고 한다. 그중 수익을 내는 사람은 약 5% 이내라고 하는 통계를 보고 확률이 왜 그 정도밖에 되지 않을까를 생각해 본 적도 있다.

국내 주식 투자의 주체가 세 부류로 나뉜다면 크게 외국인, 기관, 개인 이렇게 나누어지는데 개인 투자자는 소위 슈퍼개미, 큰손이라는 투자자를 제외하고 개미들이라 불리는 이들이 수익을 올리기는 정말 만만치 않다.

필자 나름대로 우리 개인 투자자들이 수익을 날 확률을 계산해 보니 최소 약 5.55%였는데 이 확률을 극대화하기 위해서는 철저히 공부하고 분석하는 능력을 기르고 종목 발굴을 위한 노력을 게을리하지 않아야 한다는 것 외에는 달리 왕도가 없었다.

누구나 생각할 수 있는 가장 단순한 확률은 수익 날 확률 33.3%, 본전일 확률 33.3%, 손실 날 확률 33.3%다.

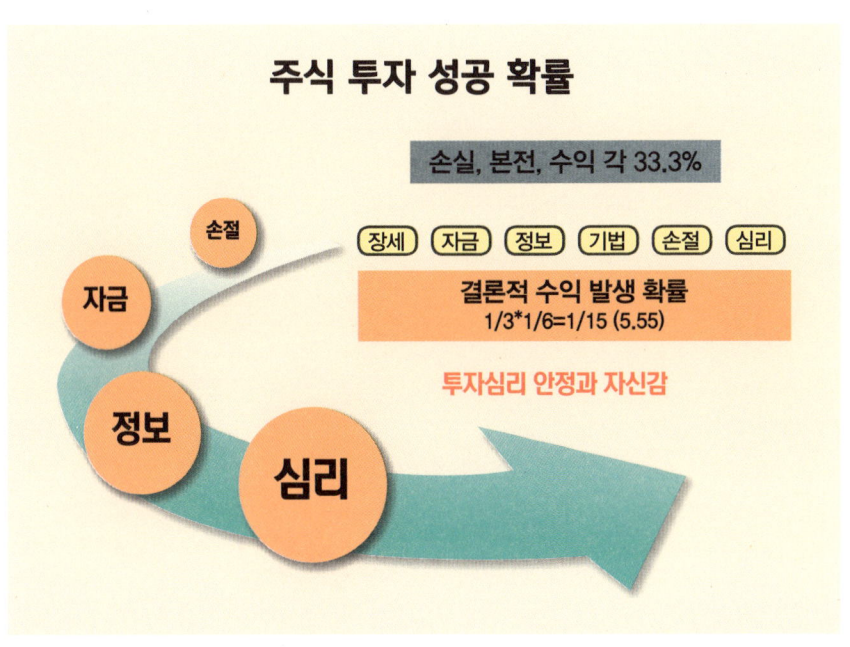

2. 자신만의 무기를 만들자

우리 개인들이 이 시장에서 상대할 적군은 바로 외국인과 기관들이다. 이들은 엄청난 자금력과 뛰어난 분석기법, 방대한 정보력을 바탕으로 이 시장과 종목들을 자신들만의 리그로 만들어 버린다.

개인들은 그들과의 싸움에서 태생적으로 질 수밖에 없는 부족함으로 인해 심리마저 지배당하다 보니 수익 내기가 더욱더 힘들어진다.

그들보다 우리가 나은 점은 내 마음대로 손절할 수 있다는 한 가지 장점 말고는 없다.

외국인들이나 기관들은 손절 즉 로스컷을 함부로 하거나 개인들만큼 자유자재로 할 수가 없기 때문에 우리에게는 단 한 가지 손절의 자유 외에는 그들을 이길 수 있는 무기가 없다.

즉 33%의 확률 중 6가지 항목(자금력, 정보, 기법, 심리, 손절, 장세)을 다시 쪼개다 보니 결국 우리가 그들과 싸워 이길 확률 즉 수익을 낼 수 있는 확률은 5.55% 정도가 되지 않을까 하는 분석을 하게 되었다.

그럼 우리가 이길 수 있는 확률을 더욱더 높이기 위해서 해야 할 일은 자금력 부분에서는 그들을 따라가지 못하기에 예외로 하고 나머지 4가지를 그들과 비슷한 수준까지 끌어올린다면 그 확률이 더 높아지지 않을까.

우선 가장 먼저 할 수 있는 것이 기법이다. 이 기법이라는 것은 기술적 분석을 말하는 것으로 주식 투자에서 핵심이 되는 사항이다.

어떤 이는 이 기술적 분석법을 아주 무시하는 듯한 자세를 보이기도 하지만 여기에는 사실 주가의 움직임을 생생하게 보여주는 정보들이 녹아 있기 때문에 결코 무시할 수 없다.

이 부분은 기술적 분석법 부분에서 여러 가지 기법을 자세히 공부하기로 하고 이어서 정보 분석에 대해 알아보기로 하자.

정보에서 여러 가지 종류가 있겠지만 개인이 접할 수 있는 정보는 매우 제한적이다.

이 정보라는 것은 여러 매체를 통해 나올 수 있지만 해당 종목 회사의 고위직 또는 그 회사의 매출 상황이나 영업 상황을 가장 잘 아는 사람에게 듣는 것이 가장 확실한 방법이다. 이는 내부자 정보 제공에 위배될 수 있어 개인들은 소위 말하는 알짜배기 정보는 얻기가 힘들 수밖에 없다.

그래서 하는 일이 바로 경기, 산업, 업황을 분석하고 그 회사의 주 매출원이 무엇인가를 분석하고 공시 정보를 눈여겨 보고 뉴스를 검색하고 분기마다 작성하는 분기, 반기 보고서를 분석해야 하는 것이다.

즉 기술적 분석과 함께 산업 분석, 업황 분석, 재무제표 분석, 공시 분석 등을 필수적으로 해야 한다.

이것이 기술적 분석인 기법 외 정보란 부분이며 이는 기본적 분석도 포함된 내용이다.

이렇게 해서 어차피 자금력으로는 이길 수 없는 기관과 외국인들을 상대하기 위해서는 최소한 이 기법(기술적 분석)과 정보를 최대한 나의 무기로 만들어서 심리적으로 그들에 대항할 수 있다는 자신감과 함께 손절의 자유로움을 우위로 수익을 낼 수 있는 확률을 최대한 끌어 올리는 것이 이 시장에서 살아남기 위한 최선의 방법이라고 생각한다.

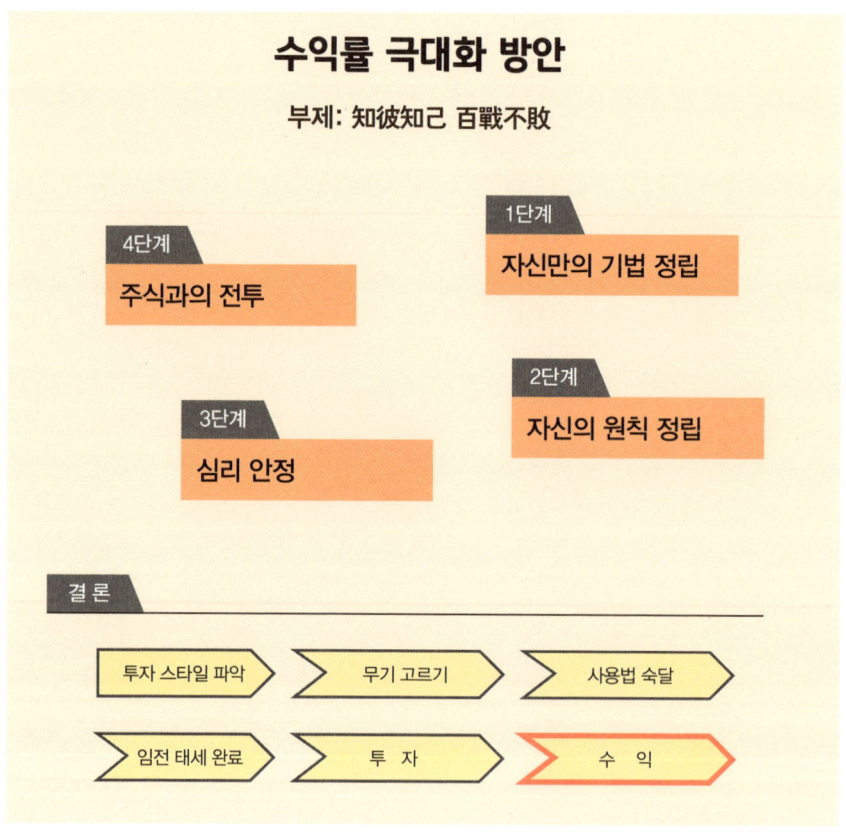

3. 시장은 외국인의 철저한 이해관계로만 움직인다

외국인의 수급과 환율 – 철저한 외국인의 이해관계로만 시장 접근

대한민국 증시에 상장된 종목의 수는 2018년 5월 현재 기준으로 2,164개다. 시가총액은 주가의 움직임에 따라 달라지기 때문에 변동은 있겠지만 코스피가 1,680조 정도이며 코스닥이 285조 규모로 코스피가 코스닥보다 6배 정도 크다.

이렇게 큰 시장을 누가 그들 마음대로 가지고 놀 수 있을까 생각해 보지만 분명 이 시장을 움직이는 주체 세력들이 있고 그들이 바로 외국인들이다.

많은 사람이 주가의 움직임과 증시 자체를 경기와 연관시켜 바라본다.

경기가 좋으면 증시도 좋아지고 경기가 나쁘면 증시도 나빠진다고 생각한다.

틀린 말은 아니라고 생각하지만 경기 동향 관점이나 섣부른 경제학적인 관점으로만 투자에 임한다면 아주 큰 오류를 범할 수밖에 없다.

증시라는 것이 절대 경제 논리로만 흘러가는 게 아니기 때문이다.

아래 표는 '12~'18년 한국경제성장률표다.

연도별 실질 경제성장률과 지수등락('18년 11월 16일 기준)

연도	'12년	'13년	'14년	'15년	'16년	'17년	'18년
성장률	2.3%	2.9%	3.3%	2.8%	2.9%	3.1%	2.7%
지수등락	9.38%	0.72%	-4.76%	2.39%	3.32%	21.76%	-15.20%

이 표와 당해 연도 코스피지수의 움직임을 살펴보면 단순하게 경기 상황을 나타내는 경제성장률이 실제 한국 증시에 큰 영향을 미치지 않는다는 것을 알 수 있다.

이는 국내 경기 이외에도 시장을 결정하는 수많은 요인이 복합적으로 작용하기 때문이다.

4. 주가와 환율에 따른 외국인의 손익관계

　이 부분보다 더 중요한 요인으로 핵심 중의 핵심이 바로 한국 시장의 주도 세력인 외국인의 명확한 손익관계다. 그들이 가진 한국 시장에서의 수익 논리와 수급 논리로만 접근해야 이 시장에서 살아남을 수 있다.

　철저히 그들의 증시에서의 수익 구조만 생각하면 된다. 가장 중요한 수익 구조가 바로 주가의 상승과 환율의 하락이다. 환율의 움직임과 주가지수의 움직임은 반대로 향하는 것이 일반적인 현상이다. 이는 이미 여러 차례 증명되고 반복적으로 일어난 현상이지만 2019년 5월 현재 환율이 1,200원에 육박하는 모습을 보이면서 지수가 급락하며 지금도 정확하게 맞아 떨어지고 있다.

　이 부분이 명확히 이해가 되지 않는 사람들은 아래의 예시를 참고하도록 하자.

　예를 들어 삼성전자의 주가가 현재 1주에 1,000원이라고 하자. 현재 환율이 1달러에 1,000원이라고 할 때 외국인은 국내에 1달러를 가지고 오면 삼성전자 1주를 매수할 수가 있다.

1년 후 삼성전자의 주가가 2,000원이 되었고 환율이 1달러에 500원으로 내렸을 때 삼성전자를 매도한다면 삼성전자 1주를 1년간 보유해서 2,000원에 매도해서 환전했을 때 4달러를 가지고 갈 수 있는 것이다.

즉 주가가 오르고 환율이 하락할수록 외국인들의 수익이 극대화될 수 있다.

이것이 바로 우리 시장에서 외국인 입장에서의 손익관계가 되는 것이다.

외국인이 이 시장에서 매수, 매도를 결정하는 이유는 엄청나게 많을 것이다.

증시에는 시장을 결정하는 요인이 엄청나게 많이 존재한다.

정치적 상황, 대륙 간 또는 나라 간의 이해관계, 원자재, 경기 동향, 지정학적 리스크, 유가, 환율 등등 수도 없이 많은 요인이 증시에 영향을 미친다.

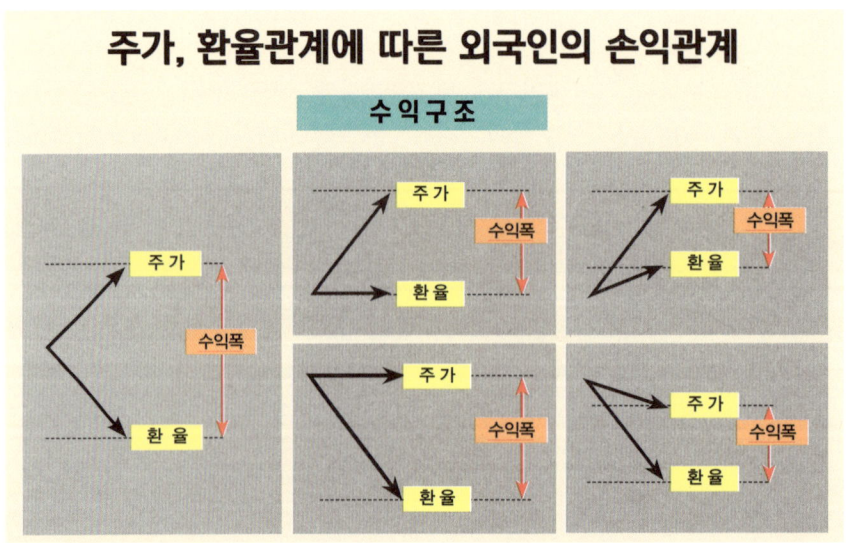

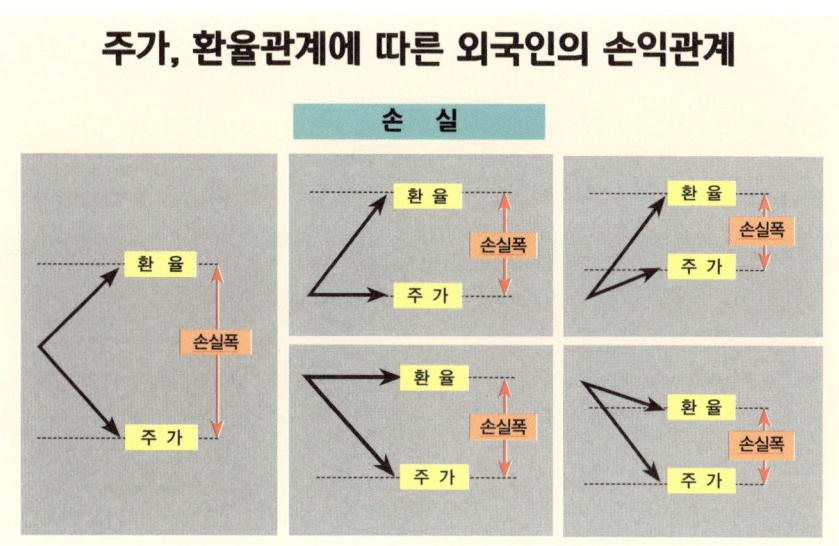

　현재 상황에서 이러한 부분들이 아무리 나빠도 외국인들이 미래를 긍정적으로 보고 매수를 하면 증시는 상승하는 것이고 아무리 현재 지표가 긍정적이라 해도 그들이 매도하면 증시는 하락하게 된다.
　이러한 증시에 미치는 여러 가지 섹터는 외국인이 매매를 결정하는 데 참고하는 사항일 뿐이다.
　결국은 외국인의 매매 결정이 바로 시장의 방향이며, 매수는 증시를 상승시키고 매도는 증시를 하락시킨다는 것을 꼭 명심하자.
　한국 증시는 결국 외국인의 수급 동향을 파악하고 환율의 움직임을 파악해서 증시의 고점과 저점이 어딘지를 알고, 지금 이 순간이 투자를 해야 할 시기인지, 현금을 확보하고 한걸음 물러서서 관망을 해야 할 시기인지를 찾아내는 것이 성공투자의 지름길이다.

5. 성공투자의 4요소는 무조건 지켜져야 한다

성공투자를 실현하는 데에는 크게 4가지 요인이 있다.

그 요인들은 시장 판단(장세 판단), 산업 분석, 종목 분석, 매매 타임 결정이다.

지금부터 위의 4가지 요소를 하나하나 공부해 보기로 하자.

주식은 수급이다. 아무리 좋은 재료가 있고 기업이 저평가되어 있고 좋은 종목이라도 누군가가 사주지 않으면 주가는 절대 상승하지 않는다. 매수세가 상승세요, 매도세가 하락세인 것이다.

세계의 역사는 고대부터 중세를 거쳐 근대, 현대에 이르기까지 수요와 공급에 의해 모든 역사가 결정되었듯이 주가 또한 수요와 공급이 결정짓는다.

이러한 수요와 공급을 바탕으로 주식과 장세를 분석해야 한다.

6. 시장을 판단하지 못하면 절대 돈을 벌 수 없다

투자의 방법에는 크게 두 가지가 있다.

TOP-DOWN 방식과 BUTTOM-UP 방식으로 나눌 수 있는데 TOP-DOWN 방식은 시장을 먼저 분석하고 산업과 업황을 분석하고 종목을 분석하고 매매 타이밍을 잡는 것이고 BUTTOM-UP 방식은 매매신호가 나오는 종목을 찾아낸 다음 매매해도 좋은 종목인지, 상장 폐지나 관리종목으로 지정될 가능성이 있는 종목인지 아닌지 등 종목 분석을 하고 그 종목이 속해 있는 업종이 무엇인지를 인지하고 현재 시장에서 과연 이 종목을 매매해도 되는지를 분석하는 것이다.

어느 것이 옳다고 할 수는 없다. 본인의 스타일에 맞게 매매하면 되는 것이다.

다만 여기서 한 가지 중요한 것이 있다면 어느 방식으로 하든 시장 분석이 가장 우선되어야 한다는 것이다.

장세가 우리에게 수익을 가져다 주기 어려운 하락장이 형성되었다면 우리는 가능한 한 투자를 위한 공격적 매매보다는 한발 물러서서 시장을 관망하는 자세를 가져야 한다.

가끔 주식 투자에 있어 장세에 상관없이 수익내는 비법….

이런 이야기를 접할 때가 있다. 참 애매한 말이다.

필자의 경험상 시장이 급격하게 하락할 때 주식으로 수익을 낸 사람은 없다.

오랜 시간이 지나고 나서 시장이 반등하거나 상승으로 접어들었을 때 손실을 만회하거나 현금을 가지고 있다가 저점에서 매수해서 수익을 내는 경우는 있지만 필자는 하락장에서 수익을 내는 사람을 보지 못했다.

감히 이야기하지만 주식으로 하락장이 계속 진행되고 있는데 장세와 상관없이 수익을 낼 수 있는 비법이라고 떠드는 사람의 말은 절대 듣지 않길 바란다.

하락장에서 수익을 낼 수 있는 방법이 있기는 있다.

파생상품을 매매하거나 공매도를 하거나 코스피나 코스닥 인버스를 매수하는 방법, 그리고 현금을 가지고 있는 방법 이외에 하락장에서 주식을 매매하면서 수익을 낼 수 있는 방법은 절대 없다.

물론 한두 종목 수익이 날 수는 있겠지만 자신의 투자 원금 대비 수익을 낼 수 있는 방법은 없다고 필자는 단언한다.

일반적으로 수익이라면 투자 원금 대비 계좌 수익을 말하는 것이다.

장세가 급락하는 상황이 발생한다거나 위기가 온다면 계좌 수익을 낸다는 것은 불가능하진 않겠지만 이는 사실상 매우 어렵다.

그렇기 때문에 장세를 잘 판단해야 하는 것이 중요하다.

그런데 장세가 아무리 나빠도 계좌수익을 내는 비법이 있는가?

한마디로 주식으로 일반 투자자가 급락장에서 계좌수익을 낼 수 있는 비법은 없다.

장세와 상관없이 수익 내는 방법….

다시 한 번 말하지만 장세를 제대로 판단하지 못하면 결코 수익을 낼 수 없다.

그리고 장세를 모르고 투자해서 수익을 창출한 사람을 아직 나는 보지 못했다.

물론 시장 분석 없이 좋아 보이는 종목을 매수해서 몇 년 동안 던져놓고, 10년씩 보유해서 수익을 내는 사람은 보았지만 시장에 적극 참여하여 장세를 파악하지 못하면서 수익을 낸 사람은 단 한 사람도 본 적이 없다.

가끔 한두 종목 단타로 종목별 단기수익을 낼 수는 있을는지는 모르지만 우리가 흔히 말하는 투자 원금 대비 수익을 가져올 수는 절대 없다. 이 뜻을 반드시 명심해야 할 것이다.

공매도 제도가 있기는 하지만 개인 투자자들이 이 제도로 매매를 하는 건 사실상 불가능하기 때문에 이것 역시 실질적으로 수익을 낼 수 있는 방법은 되지 못한다.

파생상품인 선물, 옵션 등은 장세에 무관하게 수익을 낼 수 있는 구조지만 주식으로 급락장에서 결코 수익을 낼 수가 없다고 필자는 단언한다.

어쩌다 천우신조로 인간이 벼락 맞을 확률로 수익을 얻는 경우를 제외하면….

어리석은 개미투자자는 이러한 문구에 엄청나게 많이 현혹된다. 필자도 이런 어리석은 개인 투자자를 너무도 많이 봐왔기 때문에 하는 말이다.

주식 투자에서 시장이 급락할 때 수익을 낼 수 있는 방법은 급락 중의 일시적 반등(자율적 반등) 국면에서 짧게 짧게 단기매매를 하는 방법 이외에는 없다.

이것 역시 장세가 반등될 것인지 하락세를 이어갈 것인지를 판단할 수 있는 실력이 없이는 있을 수 없는 일이다.

결국 주식으로 시장에서 수익을 내기 위해서는 장세 판단이 가장 중요하다고 할 수 있다. 장기투자를 하든 단타매매를 하든 그 어떤 매매라도 장세 판단이 가장 중요한 것이다.

장세 판단이 가장 중요하며 모든 것이 장세 판단 이후에 이루어진다는 점에서 TOP-DOWN 방식이든 BUTTOM-UP 방식이든 장세 판단을 가장 먼저 해야 한다.

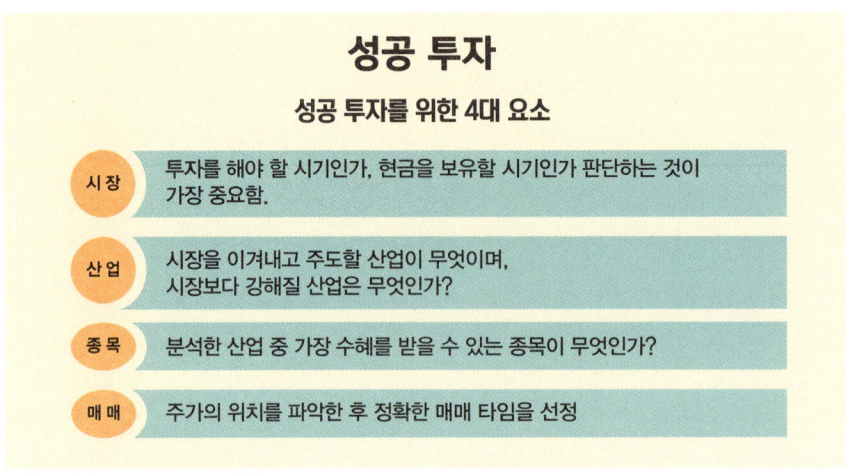

장세 판단 역시 기술적 분석법에 의해 차트를 분석하므로 투자를 해야 할 시기인지 현금을 확보하고 관망할 시기인지를 판단해야 하며 차트 분석 이외 여러 가지 주가의 움직임에 영향을 미칠 만한 상황들을 고려해서 판단해야 한다.

장세 판단의 대표적인 툴인 우라가미 구니오의 "주식시장 사계절" 순환 사이클이 가장 신뢰성 있게 시장에 적용되는데 이 분석법은 기업 실적, 금리, 주가 이렇게 3가지 요소를 가지고 시장을 판단하는 방법이다.

금리와 주가에 대해 크게 4개의 순환 사이클로 나누고 이를 금융장세와 실적장세, 역금융장세, 역실적장세로 구분했다.

금융장세는 경기침체로 인한 기업 실적이 하락하며 정부가 경기부양을 위해 금리 인하로 시장에 유동성을 공급한 결과 시장에 대한 기대감과 돈의 힘으로 주가가 상승하는 시기이며 이를 유동성장세라고도 한다.

실적장세란 경기부양의 효과로 기업들의 실적이 좋아지며 그로 인해 주가는 상승하고 금리를 인상시키는 시기를 말하는 것이다.

역금융장세는 금리도 상승이 이어지고 실적도 상승 중인 국면이지만 서서히 주가가 하락하는 시기를 말하며 역실적장세는 기업 실적이 다시 하락하며 주가도 하락하고 경기부양을 위해 금리를 인하시키는 시기를 말한다.

장세 판단의 기준(우라가미 구니오)

장세	주식시장 4계절		주가
	금리	실적	
금융장세	하락	하락	상승
실적장세	상승	상승	상승
역금융장세	상승	상승	하락
역실적장세	하락	하락	하락

어떤 투자 방법을 선택하든 적극적 투자를 해야 할 시기인가, 현금을 확보한 후 관망할 시기인가를 판단하는 시황 판단이 가장 우선되어야 하며 이것이 투자의 기본이라는 사실을 반드시 명심하자.

이외 시장과 장세 판단을 위해 도움이 될 만한 부분들을 살펴보자.

7. 시황을 판단하기 위한 여러 가지 툴

　많은 투자자가 아침에 가장 먼저 하는 일이 아마도 미국 증시가 올랐는지 내렸는지를 확인하는 일일 것이다.

　한국 시장은 어쩔 수 없이 신흥국 증시로 아직 선진지수에 당당하게 편입되지 못했을 뿐 아니라 한국경제 자체가 중국과 미국으로부터 큰 영향을 받다 보니 어쩔 수 없는 일이다.

　하지만 한국 증시는 나름대로의 특성이 있기 때문에 글로벌 증시에 영향을 많이 받지만 그들과 항상 같이 움직이지는 않는다.

　미국 증시나 중국 또는 글로벌 증시와 같이 움직이는 동조화 현상이 언제나 일어나지 않는다는 것이다.

　이러한 것을 참고해서 글로벌 증시를 바라보며 국내 증시에 가장 큰 영향을 미치는, 참고가 될 만한 몇몇 지표와 개념만 간단하게 알아보도록 하자.

- 야간선물지수를 확인하자.

우선 당일 아침에 코스피 시초가를 결정짓는 가장 중요한 지수가 바로 야간선물지수다.

주식을 하는 사람이라면 선물 투자는 하지 않더라도 선물에 대한 기본 개념은 확실하게 파악하고 가야 한다.

선물이란 현물을 기초로 하여 만들어진 파생상품이다. 선물 가격은 현물 가격에 순보유비용을 더해 만들어진 것이다.

선물 가격 구조는 현물 가격 + 순보유비용으로 크기로 표현하자면 선물 가격 〉 현물 가격이라는 공식이 성립된다.

즉 현물을 기본으로 해서 만들어진 선물 가격이 현물 가격보다 크기 때문에 선물지수의 힘이 곧 현물지수인 코스피지수를 결정한다는 것이 가장 기본적인 개념이다.

야간에 형성된 야간선물지수를 보면 오늘 아침 시장의 방향이 상승출발을 할 것인지 하락출발을 할 것인지를 짐작할 수 있고 이를 토대로 대응 전략을 세워야 한다.

야간선물지수는 각 증권사가 제공하는 HTS앱이나 야간선물지수 프로그램을 이용하면 된다.

- 환율 확인

NDF(Non Delivery Forward) 역외환율도 필요하면 확인해보자.

또 하나의 참고 사항은 NDF(Non Delivery Forward) 역외환율이다.

NDF(Non Delivery Forward)란 역외선물환시장을 뜻하는 말로서 만기가 되었을 때 당사자 간에 당초 약속된 환율로 특정 통화를 매매하는 선물환거래와는 달리 만기 시 약속된 환율과 실제 환율 간의 차액만을 결제하는 거래를 말한다.

용어가 어렵고 이해가 잘 가지 않겠지만 우리가 밤에 자고 있는 동안 대한민국 환율이 해외시장에서 얼마로 거래되었는가를 알아보는 것이라고 생각하면 되겠다.

한국 시장에서 가장 중요한 부분이 철저하게 외국인의 손익관계에서부터 출발한다고 했다. 그래서 우리는 그들의 수익 구조와 환율을 공부했다.

이 역외환율은 국내 증시가 열리는 시간이 아닌 우리가 꿈나라로 간 사이 해외증시가 열리는 시간 동안 결정되는 환율로 NDF 역외환율이라고 한다는 정도로만 알아두자.

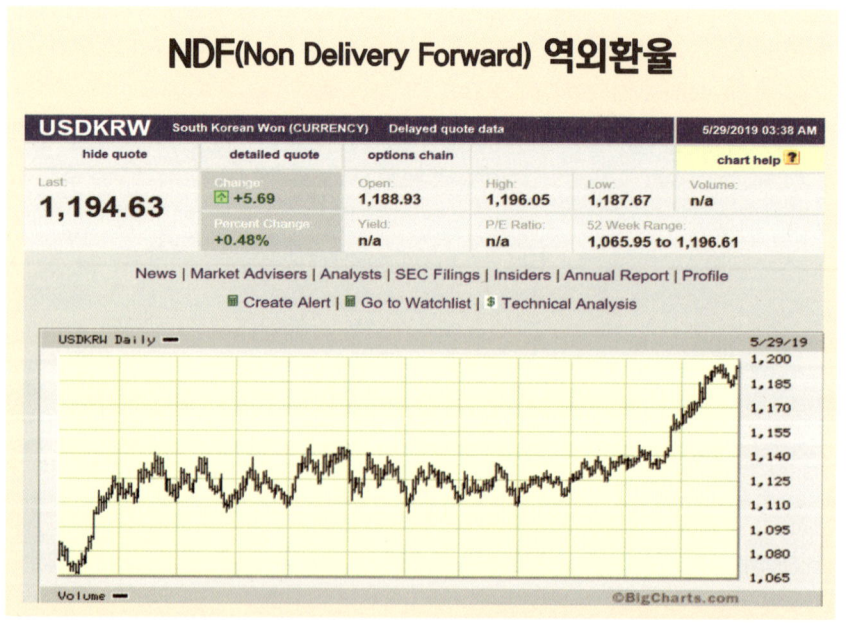

환율의 중요성은 이미 알았으니 이 NDF 역외환율이 얼마로 마감되었는지를 살펴볼 필요가 있을 것이다.

이 역외환율을 알아보는 사이트는 많이 있다. 해외 증시에 대한 차트를 보여주는, 몇몇 전문가가 자주 이용하는 사이트가 있는데 www.bigcharts.com에 접속해서 검색창에 USDKRW이라고 입력하면 NDF 역외환율의 마감 상황을 알 수 있으니 참고하도록 하자.

- MSCI한국지수

MSCI지수는 Morgan Stanley Capital International이 발표하는 세계주가지수다. 이 MSCI지수는 전 세계 투자자들의 투자 방향에 영향을 미치는 대표적인 주가지수로 흔히 벤치마크지수라고 한다.

한국의 지수도 MSCI에서 발표되는데 이를 MSCI한국지수라고 한다. 이 역시 한국의 지수가 해외시장에서 어떻게 평가받는가를 알려주는 지표로 우리나라의 장이 쉬는 야간에 해외에서 결정되는 지수이기 때문에 국내 증시가 시작되기 전에 확인을 해보고 시장 판단을 할 때 참고하면 되겠다.

참고할 사이트는 앞서 언급한 빅차트와 마찬가지로 전문가들이 자료 수집에 자주 사용하는 사이트로서 www.stockcharts.com에 접속해서 검색창에 EWY를 입력하면 MSCI한국지수가 나오니 참고하면 되겠다.

그 외 시장 판단에 참고할 만한 사이트로는 https://kr.investing.com, www.finbiz.com이 있는데 특히 www.finbiz.com 사이트는 S&P500 MAPS가 제공되어 간밤의 미국S&P500 종목들의 등락률이 일목요연하게 매트릭스 형태로 나와서 미국 증시의 종목별, 업종별 등락률을 확인할 수 있다.

MSCI 한국지수

[기타 주요 참고 지표들]

※ 장 시작 전에 전일 마감 해외지수를 파악하여 당일의 시장에 대한 예상

1. NDF 역외환율
2. MSCI 한국지수
3. 야간 선물 마감 현황
4. 해외선물(유가 동향 파악)
5. 미국 업종 추이

기타 필요에 따라 국제유가나 국제원자재지수인 CRB지수 등 증시와 관련되어 참고할 만한 각종 지표가 엄청나게 많이 있으니 이러한 지표들도 참고하면 좋은 투자 정보가 될 것이다.

www.stockcharts.com이나 www.bigcharts.com에 접속하면 필요한 자료를 모두 찾아볼 수 있다.

이제 이러한 툴과 방법으로 시장 분석이 어느 정도 끝났으면 다음은 산업 분석을 해보자.

주가 결정 요인들

	1	2	3	4	5
시장 파악	지수 위치	상승장?	횡보장?	하락장?	지수 주도주
전략 수립	지지선	저항선	눌림목	추격매수	목표수익률
시장의 힘	긍정의 힘	부정의 힘	긍정 요인	부정 요인	해외지수
지수 결정 요소	경제지표	수급(선물)	금리	환율	유 가
주도주	업 황	업종 대표	테 마	주도 종목	후발주
재무제표	자 산	부 채	현금흐름	매출채권	법인세
이익 창출	영업이익	당기순이익	투자수익	선물환헷지	기타 수익
각종 비율	영업이익률	안정성	활동성	수익성	회전율
재료, 실적	분기 실적	흑자 전환	호재 공시	자사주	증 자
가치평가	PER	PBR	ROE	EV	EBITDA

2장

산업을 분석해야 대박주를 매집할 수(찾을 수) 있다

1. 주도 업종의 탄생 신호는 어떻게 알 수 있나?

장세가 상승장인지 하락장인지를 판단하고 하락장은 현금 보유로 관망하며 시장이 바닥을 확인하고 상승으로 진입하는지를 찾아야 한다.

시장이 상승장으로 전환하게 될 때면 언제나 상승을 이끄는 산업과 업종이 나타나게 되는데 이 업종의 특징이 시장의 움직임보다 빠르게 움직인다는 것이다.

시장은 바닥권에 있지만 시장의 주도 업종은 업종지수가 종합주가지수나 코스닥 지수보다 먼저 저항선을 돌파하고 상승으로 전환하며 고점을 넘어서는 신고가가 형성된다는 게 특징이다.

이러한 업종이 바로 주도 업종이고 선도 업종이 되는 것이다.

2. 반도체와 4차 산업혁명

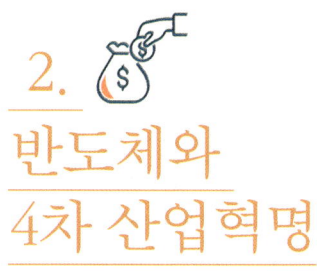

2017년 한 해는 시장의 주도 업종이 전기전자업종이었고 코스피 시장을 이끌었다.

코스피 지수는 2016년 8월 중순 고점을 찍고 4개월째 조정세를 보이며 하락하는 과정에 있었지만 전기전자 업종은 이미 2016년 11월 중순 바닥을 확인하고 11월 30일을 기준으로 업종지수 고점을 넘기며 신고가가 나기 시작하였다.

이때부터 전기전자업종이 이 시장의 주도 업종으로서 본격적인 두각을 나타내기 시작하며 이 업종에 속해 있는 종목들이 상승하기 시작하였다.

이제 전기전자업종이 시장의 주도 업종으로 부각하기 시작한 신호를 포착하였으므로 이제부터는 왜 이 업종이 주도 업종으로 부각되는지를 분석해야 한다.

전기전자업종과 삼성전자가 주도주로 탄생하는 순간의 특징적인 모습과 함께 그 이유에 대해 공부해 보자.

2016년 1월 20일 스위스 다보스에서 열린 세계경제포럼(WEF)은 '4차 산업혁명의 이해(Mastering the Fourth Industrial Revolution)'를 주요 의제로 설정했는데 이는 과학 기술 분야가 최초로 의제로 꼽힌 포럼이었다.

4차 산업혁명의 주창자이자 WEF 회장인 클라우스 슈밥은 자신의 책《4차 산업혁명》에서 4차 산업혁명을 '3차 산업혁명을 기반으로 한 디지털과 바이오산업, 물리학 등 3개 분야의 융합된 기술들이 경제 체제와 사회 구조를 급격히 변화시키는 기술혁명'으로 정의했다.

1차 산업혁명은 증기기관을 발명함으로써 가축이나 생물자원에서 화석연료 및 기계의 사용이 가능한 기계적 혁명이 일어난 시기를 말하며, 2차 산업혁명은 전기의 발명으로 인하여 대량 생산 체계를 구축한 시기였다. 3차 산업혁명은 IT 기술로 인터넷 대중화 시대를 열었던 시기였으며, 4차 산업혁명은 이러한 기술을 바탕으로 모든 산업이 융합되는 융합혁명을 말한다.

슈밥은 4차 산업혁명을 이끄는 10개의 선도 기술을 제시했는데, 물리학 기술은 무인운송수단·3D프린팅·첨단 로봇공학·신소재 등 4개 분야, 디지털 기술은 사물인터넷·블록체인·공유경제 등 3개 분야, 생물학 기술은 유전공학·합성생물학·바이오프린팅 등 3개 분야다.

이러한 기술을 기반으로 클라우드 컴퓨팅, 스마트 단말, 빅데이터, 딥러닝, 드론, 자율주행차 등의 산업이 발전하고 있다고 봤다.

특히 4차 산업혁명의 핵심에는 사물인터넷 기술이 자리 잡고 있는데 이는 4차 산업혁명을 완성시켜줄 핵심적인 기술로 이것 때문에 4차 산업혁명을 융합혁명이라고도 부른다.

모든 산업 간의 정보가 교류되고 하나가 되는 융합혁명에는 IT 기술과

인터넷 기술이 필수적이다.

이런 기술이 이행되기 위해선 기본적으로 전제되어야 하는 기술이 바로 IT 기술인 것이다. 그 중에서도 반도체 기술은 4차 산업혁명의 최대 수혜주가 될 수 있다.

이제 왜 이 반도체 기술이 2017년도 시장을 이끄는 주도주로서 우리가 공략해야 하는 필수 업종인가를 공부해야 한다.

4차 산업혁명을 융합혁명이라고 했다.

모든 산업과 산업 간의 정보가 자유롭게 교류되어야 하며 사물과 사물 간의 정보 교류가 원활히 이루어져야만 4차 산업혁명이 완성되는 것이다.

어떤 4차 산업혁명을 이끌어갈 기술도 정보를 원활히 처리하지 못한다면 쓸모없는 기술이 되어 버리는 것인데 이 정보 처리를 원활히 하기 위해서 필수적으로 들어가야 할 부품이 바로 반도체다.

반도체는 말 그대로 전기가 반만 흐르는 물체다.

물체는 크게 도체와 부도체 반도체 이렇게 세 종류로 구분되는데, 도체는 전기가 흐르는 물체이며 부도체는 전기가 흐르지 않는 물체다.

반도체는 필요에 의해 전기를 흘려보냈을 때 전자제품이나 기기의 사용 목적이나 역할을 가능케 해주는 부품이다.

삼성전자나 하이닉스에서 만드는 반도체를 기준으로 설명하자면 반도체의 종류는 크게 메모리반도체와 비메모리반도체로 구분되는데 메모리반도체는 전 세계 시장의 20~30% 정도를 차지하는 산업으로 삼성전자와 하이닉스는 거의 메모리반도체만을 생산한다.

2019년 이후 삼성전자는 비메모리반도체인 시스템반도체 시장에도 진출해서 전 세계 시장 점유율을 끌어올리겠다는 포부를 밝혔다.

메모리반도체는 휘발성 메모리반도체와 비휘발성 메모리반도체로 나뉘어진다. 휘발성 메모리반도체는 전원이 들어가 있는 동안만 정보의 주기억장치로서 사용되는 것으로 RAM이 대표적이며 비휘발성 메모리반도체는 전원이 꺼지더라도 기억이 저장되는 NAND FLASH가 대표적이다.

비메모리반도체는 모든 명령을 해독하고 처리하는 장치로 사람으로 치면 뇌에 해당하는 부분이기에 컴퓨터나 스마트폰의 가장 중요한 부분이다. 이는 전 세계 반도체 시장의 70~80% 정도를 차지한다. 흔히 말하는 중앙처리장치라고 부르는 CPU가 비메모리반도체다.

삼성전자, 하이닉스가 생산하는 메모리반도체에는 크게 두 가지 종류가 있다.

메모리반도체 중 휘발성 반도체인 DRAM과 비휘발성 반도체인 NAND FLASH가 있다고 했는데 이 두 반도체 중 DRAM은 태블릿PC나 PC에 많이 사용되며 NAND는 저장용 메모리반도체로 스마트폰용으로 많이 사용된다.

4차 산업혁명은 융합혁명이라고 했다. 모든 산업과 산업, 기기와 기기의 융합과 정보 처리를 위해서는 엄청나게 방대한 양의 정보를 저장해야 하는 부품이 당연히 필요하며 이것이 바로 바로 비휘발성 메모리반도체(전원이 꺼져도 정보가 그대로 저장)인 NAND다. 이 때문에 수요는 급격하게 늘어날 수밖에 없는 것이다.

PC시장에서도 과거 하드디스크가 주를 이루던 시장은 점차 하향세에 접어들며 이를 대체하는 SSD가 대세로 자리 잡고 USB 등에 NAND FLASH가 이용되었다.

가상화폐 붐이 일던 시절 채굴을 위한 PC의 수요가 급격히 증가하자 DRAM의 수요도 급증하였다.

4차 산업혁명을 이루는 데 가장 필수적인 부품이 바로 메모리반도체 중 비휘발성 반도체인 NAND다.

또한 4차 산업혁명 시대로 진입하기 위해서 정보의 양이 방대해지다 보니 기존의 2D NAND에서 3D NAND로 발전된다.

2D가 단독주택급이라면 3D는 아파트급이라고 보면 된다.

반도체 수요가 급격히 증가하다 보니 부품 장비 업체들도 덩달아 기업 실적이 좋아지고 2D에서 3D로 전환되면서 특히 중요하게 된 공정 중의 하나가 바로 증착 과정이었다.

그렇기 때문에 반도체업종 중 증착 장비를 만드는 업체가 가장 큰 수혜를 입을 수 있었던 것이다.

위와 같은 내용을 공부하고 분석하였기에 IT, 전기전자업종이 2017년 증시에서 주도 업종이 된 이유를 알 수 있었으며, 산업 분석에 대해서는 최소한 마무리되었다고 본다.

삼성전자는 IT업종지수 그 자체라고 볼 수 있다. 삼성전자의 2017년 증시에서 1,000종목에 가까운 코스피시장 종목들 중 단일 종목 하나만으로 시총 비율 30%를 차지할 정도로 절대적 비중을 차지했기 때문에 2017년에는 전기전자업종이 주도 업종이 되어야 했고 이 업종이 2017년 한 해를 계속 끌고 갈 수밖에 없는가를 이해할 수 있는 것이다.

이러한 산업에 대한 분석과 특성을 완전히 이해를 한다면 코스피지수보다 먼저 고점을 돌파하며 시장을 이끌고 가는 업종인 전기전자업종에 대한 이해와 함께 산업 분석에 대한 기초적인 분석은 끝난 것이다.

지수보다 강한 업종, 가장 먼저 신고가(고점)를 내는 산업과 업황을 가진 업종을 찾고 왜 이 업종과 업황이 좋을 수밖에 없는가를 분석하라.

주도 업종의 탄생, 전기전자 업종지수

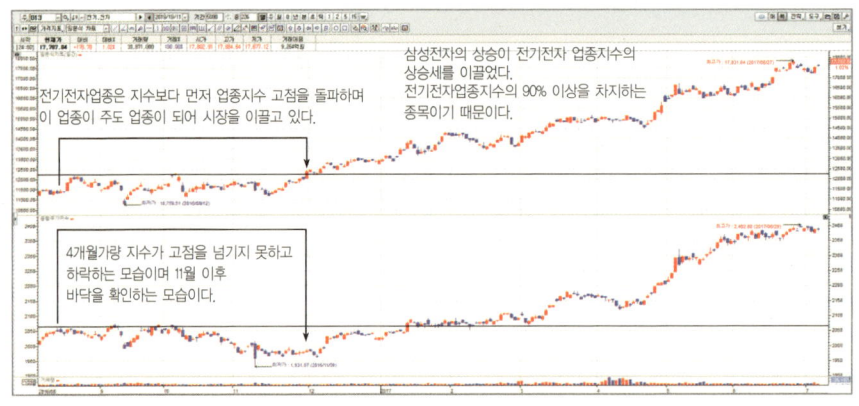

3. 대박주를 매수하기 위해서는 어떤 종목을 분석하고 선택해야 하는가?

매출을 많이 올리는 제품이 무엇인지를 파악하고 그 제품이 그 산업의 핵심 수혜주가 될 수 있는지를 파악하라.

이제 우리는 시장에서 투자를 해야 할 때와 쉬어야 할 때, 투자를 해야 할 시기엔 어떤 업종과 산업에 투자를 해야 할지를 알았다.

시장 주도 업종이 될 수밖에 없는 산업을 분석하고 스토리를 알았다면 그다음으로 그 업종에 속해 있는 수많은 종목 중에서 어떤 종목이 핵심이 되는 종목인가를 알아야 한다.

이 역시 그 업종의 특성을 알아야지만 가능한 것이다.

업종의 특성과 종목별 매출을 올리는 구조를 알아야 핵심 종목을 찾을 수가 있는 것이다.

2017년 한 해를 달군 업종이 전기전자업종이고 그 업종의 중심은 바로 삼성전자였다. 이 회사는 반도체 부문이 핵심이었다.

이제 종목을 선정하기 위한 연구를 해야 한다.

그러기 위해서는 반도체 생산 공정을 알아야 반도체 업종군에 속해 있는 종목들 중 핵심 종목을 찾아낼 수가 있다.

4. 삼성전자의 주도주 등극 요인 분석

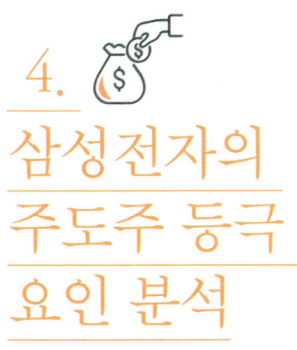

우선 반도체 공정 및 특성을 기본적으로 분석해 보자.

반도체 공정을 요약하면 가장 먼저 실리콘웨이퍼(반도체를 만드는 토대가 되는 얇은 판)를 제조하고 그 웨이퍼 위에 구현될 전자회로를 설계하고 설계된 전자회로를 층별로 나누어 유리마스크에 그리는 마스킹 작업으로 이어진다.

이러한 작업을 웨이퍼 가공이라고 하는데 웨이퍼의 표면에 여러 종류의 막을 형성시켜 이미 만든 마스크를 사용하여 특정 부분을 선택적으로 깎아내는 작업을 되풀이함으로써 전자회로를 구성해 나가는 과정, 웨이퍼 상의 칩을 개별로 잘라서 리드프레임과 결합하여 조립한 후 완성된 제품이 제대로 작동하는지 검사하는 과정을 거쳐 만들어진다.

좀 더 세부적으로 나누어 보면 다음과 같다.

실리콘 웨이퍼 연마 -〉 회로 설계 -〉 마스킹(회로판 작업) -〉 산화막(회로를 불순물로부터 보호) -> 감광, 도포, 노광, 현상(식각 작업을 위한 회로도 작업) -> 이온 주입(이온화불순물 주입으로 전류를 통하게 함) -> 증착(투입된 이온을 고정시킴) -> 금속 배선 후 웨이퍼 뒷면 연마 -> 웨이퍼 절단 -> 금선(금속선 연결), 선형 -> 검사 -> 마킹 -> 출시

여기서 검사 이전까지를 전공정이라고 부르며 검사 이후는 후공정이라고 부른다.

DRAM 산업의 경우 2017년 삼성전자와 하이닉스는 제한적이었지만 3D NAND 라인 투자에 매우 적극적이었다.

산업 분석에서 언급한 2D NAND에서 3D NAND로 발전되는 과정에서 집적도가 2배 이상으로 높아짐으로써 생산성이 대폭 향상되었고 속도 면에서도 쓰기는 2배 이상, 쓰기 횟수는 2~10배 증가하였으며 소비전력도 절반으로 줄어들어 기판면적 역시 경박단소에도 유리하게 되었다.

이렇게 3D NAND로 바뀌는 과정에서 위에 언급한 공정별 중요성이 부각되기 시작하는데 노광 장비의 중요도가 축소되는 반면 증착 및 식각 장비의 난이도가 높아지고 과정이 길어질 수밖에 없다.

또한 세정 공정과 이온 주입 등 특수가스의 용도도 중요하게 되었다.

특히 증착 공정은 기존 공정의 4~6배 정도 증가했다. 이렇게 반도체 공정을 분석하다 보니 수혜를 가장 많을 것으로 예상되는 종목은 바로 식각, 증착 장비를 만드는 업체일 것이라는 정보를 얻을 수 있다.

이렇게 산업과 특성, 업종에 속해 있는 종목의 주 매출원과 공정에 따른 수혜를 가장 많이 입을 수 있는 종목을 분석하는 것이 중요하다.

반도체 종목 특성상 혁신기라 불리는 도입 초기엔 장비세트 업황이 활황이었지만 진화기라 불리는 성장기부터는 반도체 부품과 장비 소재가 가장 많은 수혜를 입었고 2017년은 4차 산업혁명이 본격적으로 대두되면서 바로 이 반도체 업황이 성장기로 접어들 때였다.

이렇게 2017년 한 해는 4차 산업혁명의 최대 수혜주로 부각될 수밖에 없는 반도체가 시장의 주도 업종이 되었고 이에 따라 반도체 부품장비주들이 상승하며 특히 2D에서 3D로 가는 과정에서 공정상 식각, 증착 장비, 특수가스 등과 같은 핵심 부품, 소재주가 가장 많은 수혜를 입을 수밖에 없었다.

이렇게 우리는 산업을 분석하고 그 산업의 특성을 이해하니 가장 큰 수혜를 입을 수 있는 종목을 찾아낼 수 있었다.

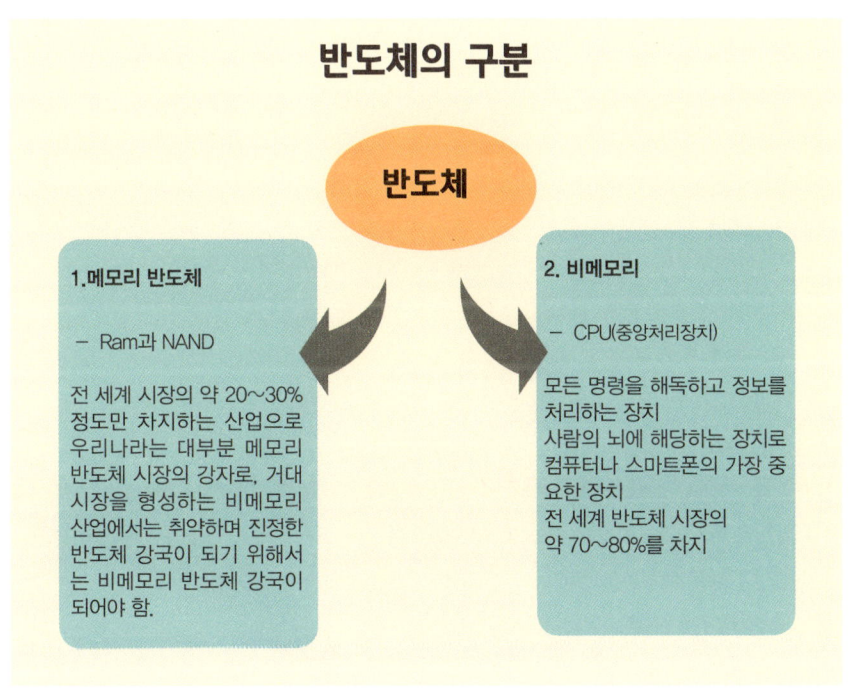

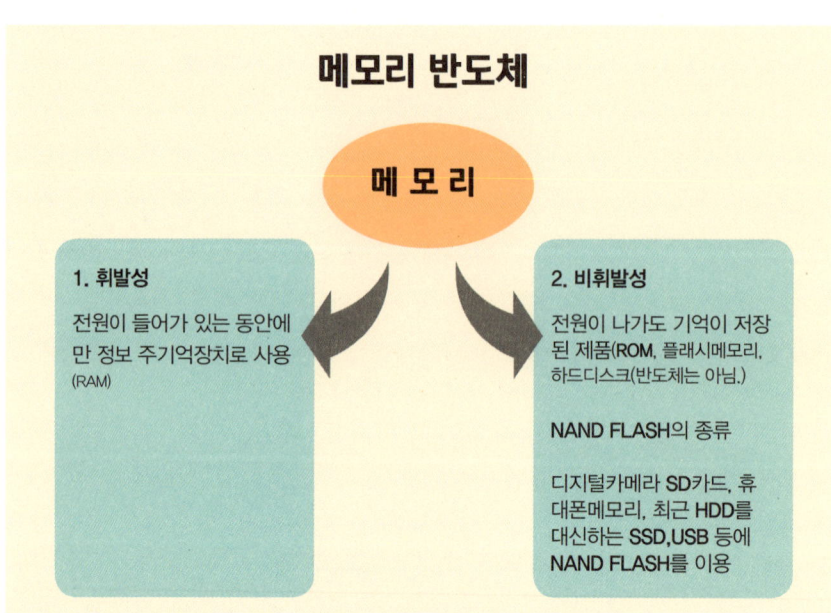

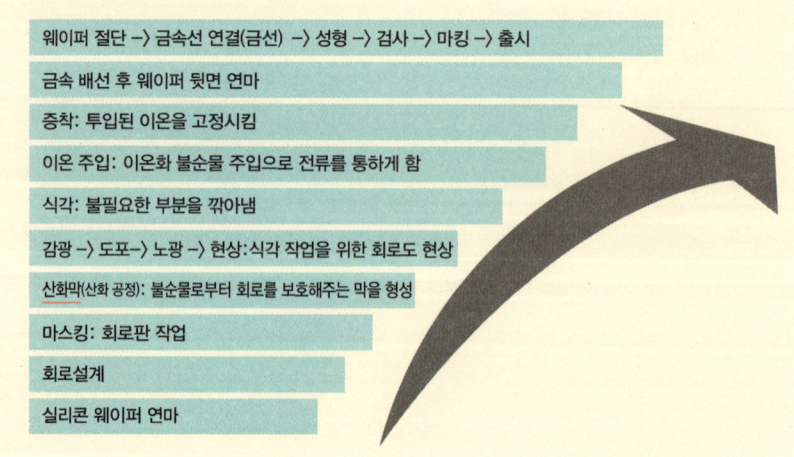

여기에 일반론적인 내용을 덧붙인다면 종목 분석에서 매매를 결정할 때 고려해야 하는 점을 크게 3가지로 나눌 수 있다. 첫째, 성장성과 주가를 고려해야 하며 이 성장성이란 산업 분석을 토대로 하여 나온다는 것이다. 둘째, 안정성이란 것은 그 회사의 재무제표를 분석하여 이 회사가 상장 폐지가 될 가능성이 있는지를 확인하는 것이다. 셋째, 수급 분석도 같이 이루어져야 한다는 것이다.

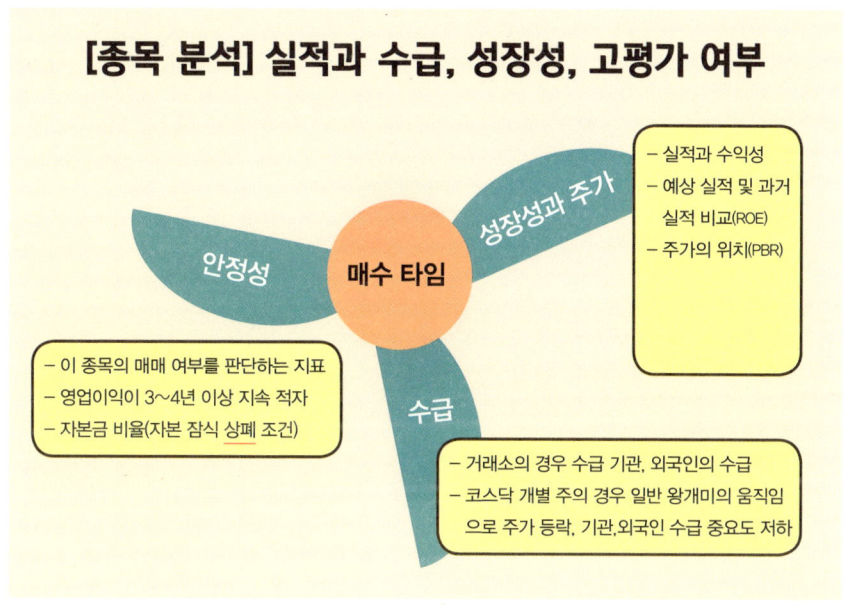

이제는 산업 분석을 통해 왜 그 산업이 지수를 이끄는 핵심 주도 산업이 되고 있는지를 파악하였고 세부적으로 어떤 매출 구조를 가진 종목이 그 산업의 핵심 수혜주가 될 수 있는지를 알아보았다.

이제는 핵심 수혜주가 될 수 있는 매출 구조를 가진 회사를 선정했다면 다음 단계에서는 언제 어떤 방법으로 그 종목을 매수해야 할지를 고민하고 결정해야 한다.

주식은 타이밍의 예술이라고 하였다. 아무리 좋은 주식이라도 누군가가 관심을 가지고 매수해 주지 않는 한 결코 상승할 수가 없다.

누군가가 매수를 하고 상승하는 그 타이밍을 잡는 법, 또 매도를 하고 수익을 확보하고 손실을 결정짓는 타이밍을 찾는 방법을 찾도록 하자.

매매 타임에서 가장 중요한 부분은 코스피지수나 업종지수보다 강한 주가 움직임을 찾는 것이 라는 것을 앞 부분에서 설명하였다.

지수보다 높은 가격대에 위치하는 종목이 강한 종목이다. 그리고 가장 먼저 고점을 돌파하는 종목이 강한 종목이다.

즉 매수는 업종 내에서 가장 먼저 고점을 돌파하는 종목으로 매수해야 한다.

이 매매법은 뒤에 나오는 차트 분석과 매매 타임 찾기 편에서 아주 상세하게 다룰 것이다.

삼성전자의 주도주 등극

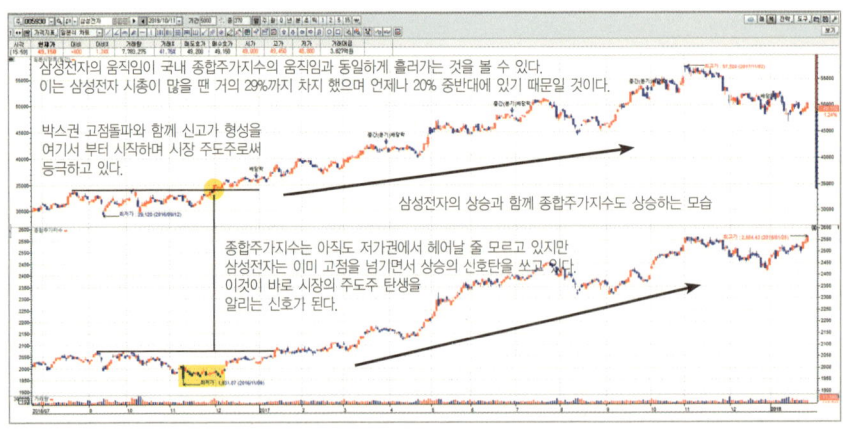

그리고 수급도 같이 봐야 한다. 즉 매수세를 봐야 한다는 것이다. 매수세는 상승세를 의미하고 모든 주가의 움직임은 수요와 공급의 법칙으로 결정된다 하였다.

수요와 공급이 바로 매수세와 매도세를 의미하는 것이다.

수요는 매수세요, 공급이 매도세인 것이다.

수급은 외국인이나 기관이 집중적으로 매수하는 종목으로 접근해야 한다. 하지만 코스닥 개별 종목일 경우는 외국인, 기관의 매수세가 잡히지 않지만 개인의 매수세에 의해서만 급등락하는 경우가 많기 때문에 코스피보다는 그 영향이 작지만 그래도 가능하다면 외국인이나 기관이 집중 매수하는 종목을 선택하는 것이 좋다.

선택된 종목의 외인과 기관의 매수세가 집중되는지를 확인하라.

매수하고자 하는 종목이 업종지수보다 강한 종목인지 아닌지를 파악하라. 그리고 고점을 넘기는지, 넘기지 못하는지를 파악하는 것이 가장 중요하다. 그리고 그 종목의 수급 주체가 누군지를 파악하라.

5. 선택한 종목의 매매 타임 찾기

- 기술적으로 완벽한 매매 타임인지 아닌지를 파악하는 것이다 -

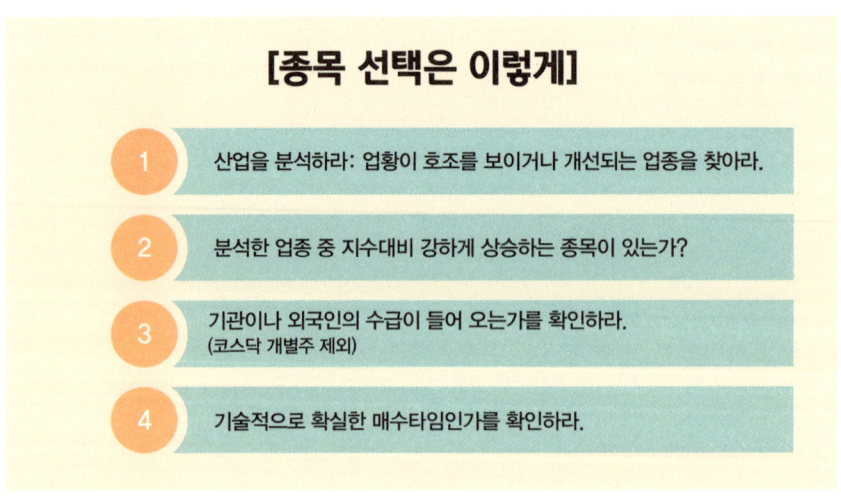

[종목 선택은 이렇게]

1. 산업을 분석하라: 업황이 호조를 보이거나 개선되는 업종을 찾아라.
2. 분석한 업종 중 지수대비 강하게 상승하는 종목이 있는가?
3. 기관이나 외국인의 수급이 들어 오는가를 확인하라. (코스닥 개별주 제외)
4. 기술적으로 확실한 매수타임인가를 확인하라.

이렇게 우리는 주식 그 보물을 찾아 그 첫 번째 여정을 시작했다.

6. 나에게 맞는 매매법은 무엇인가?

정리하자면 투자를 하는 방식에는 TOP-DOWN 방식과 BUTTOM-UP 방식의 두 가지가 있다고 했다.

그 어떤 투자법을 하든 상관없다. 개인의 취향에 맞게 선택하면 된다.

하지만 어떤 방식으로 하든 가장 중요한 것은 투자를 해야 할 때인지, 현금을 확보한 후 관망하며 언제 다시 투자를 해야 할 때인지를 지켜보며 결정해야 하는 시장 판단이라고 했다.

어떤 방식이든 시장 판단을 가장 우선으로 둔 이유는 아무리 업황이 좋은 종목이라도 전체 시장이 급락하거나 하락한다면 결국 그 종목들도 시장의 영향을 받아 일시적으로 시장과 함께 도매금으로 취급받아 충격을 받을 수밖에 없기 때문이다.

지금까지는 시장 판단에서부터 산업과 업황을 판단한 후 종목을 선별하고 선별된 종목의 매매 타임을 결정하는 TOP-DOWN 방식까지 서술하였지만 BUTTOM-UP 방식으로 투자하는 사람이면 먼저 매매 타임에 오는 종목부터 발굴하고 수급을 확인한 다음 종목이 어떤 제품을 생산하는가에 대해 파악하고 매출 구조를 파악한 후 그 종목이 속해 있는 업종을 확인한다. 이어서 그 업종의 현황을 분석하고 나서 주가의 움직임이 일시적인 것인지, 주도 업종이 될 수 있는 것인지를 인지한 다음 매매를 결정한다.

종목 선정 방법

1. 기술적 분석 접근 후 기본적 분석 접근	2. 기본적 분석 접근 후 기술적 분석 접근	3. 기술적 분석만으로 접근	4. 기본적 분석만으로 접근
- 차트 매수 타임인 종목을 찾아 미리 습득한 기본적 분석 적용 신속한 매매 시기 결정 (꼭 지점 확인, 전고점 돌파, 중심선 돌파, 거래량 증가 등등) - HTS 종목 검색 조건 필수 설정	- 업종 대표 주 또는 실적주 중심 발굴 후 매수 타임을 잡기 위한 기다림이 필요 - HTS에 미리 실적 등 업종 대표 주 또는 가치주 등 등록 후 매수 타임을 기다림. - 업황 및 산업 분석 후 매매타임 결정	- 단기, 단타매매 또는 급등주 매매에 유리하며 수익의 폭과 손절의 폭이 작다. - 추세 매매일 경우 기술적, 기본적 분석이 모두 적용될 수 있다는 장점도 있다.	- 기다림이라는 시간의 비용을 지불하거나 마음가짐이 되어 있는 사람. - 주로 가치주 중심으로 매수하여 장기 투자를 원칙으로 한다. - 가치가 훼손되지 않는 한 보유를 원칙으로 한다.

이제는 본격적인 매매 타임을 찾기 위한 기술적 분석을 해보자.

3장

주식 투자는
타이밍의 예술사만
이길 수 있는
게임이다

1. 캔들 편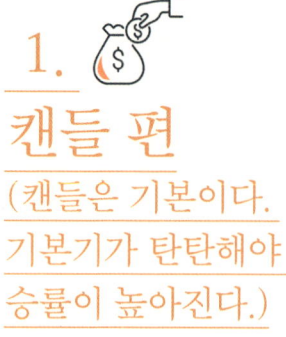
(캔들은 기본이다. 기본기가 탄탄해야 승률이 높아진다.)

    기술적 분석의 핵심이 되는 3가지가 캔들과 추세(차트) 거래량이다(일반적이고 보편적인 3요소를 캔들, 이평선, 거래량이라고들 하지만 필자는 추세가 이평선보다 신뢰성이 더 높다고 본다).
    차트란 캔들이 모여서 그려진 추세의 복합체를 차트라고 하며, 추세는 차트상에 그려지는 주가 움직임의 일부로 보면 되겠다.

    캔들은 형성된 위치, 몸통의 크기, 위꼬리와 아래꼬리의 길이에 따른 신뢰성으로 분석한다.

    이 캔들 분석은 파동과 고가권 또는 바닥권 위치를 잘 파악하는 것이 가장 중요하고 그 위치를 파악하지 못하고 캔들만 보고 매매하는 것은 매우 위험하다.

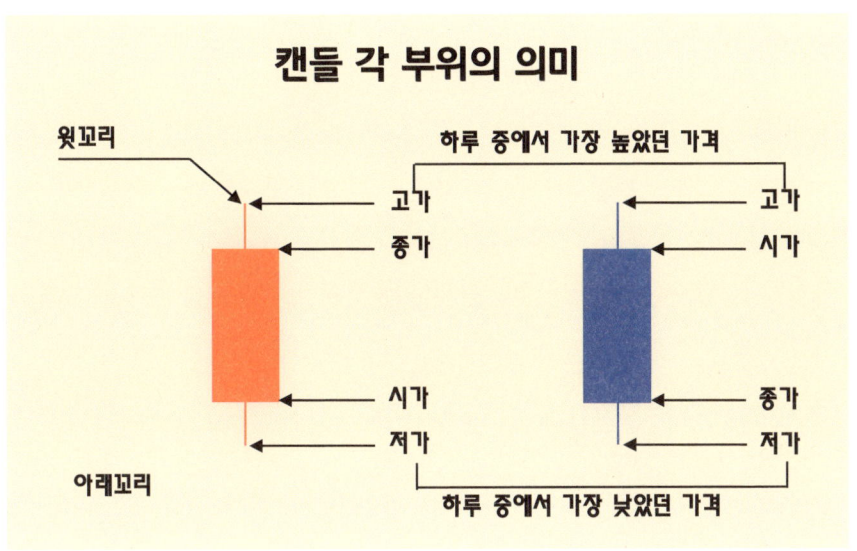

　다만 하루 동안의 주가의 움직임을 눈으로 보고 판단하고 분석하는 데 가장 좋은, 기본 중의 기본이 캔들이며 이 캔들이 뜻하는 의미를 잘 이해해야 한다.
　특히 이 캔들의 기본을 잘 이해해야지만 여러분이 스스로 마지막 장에 나오는 인공지능 매매법까지 완벽하게 실행할 수 있게 되기 때문에 그 의미를 잘 파악하여야 한다.

　캔들이라 부르는 이유는 이러한 봉의 모습이 양초와 비슷하게 생겼다고 해서 캔들이라 부른다.
　캔들은 그날 하루의 주가 움직임을 보여주는 것으로 여기에는 아주 많은 정보가 들어 있다.
　캔들의 종류에는 몇 가지가 있는데 우리나라는 거의 대부분 일본식 캔들을 사용하고 있다.

일본식 캔들은 시가, 종가, 최고가, 최저가를 표현하는 방식으로 만들어졌는데 시가는 장이 시작될 때 최초로 형성되는 가격을 표시한 것이며, 종가는 장이 마감될 때 형성된 가격을 표시한 것이다.

또한 최고가는 장중 가장 높은 가격을 형성하였을 때를 표시한 것이며, 최저가는 장중 가장 낮은 가격을 형성하였을 때를 표시한 것이다.

시가보다 종가의 가격이 더 높을 때는 하루를 기준으로 상승의 기운이 더 컸기 때문에 양의 기운이 크다라는 의미로 양봉이라 부르며 종가가 시가보다 낮을 때는 하락의 기운이 더 컸기 때문에 음의 기운이 크다는 뜻으로 음봉이라 부른다.

양봉이나 음봉은 봉의 크기에 따라 상승세와 하락세의 힘을 알 수 있으며 최저가와 최고가, 시가 종가의 위치에 따라 캔들의 심지와도 같은 직선 모양이 형성되는데 이를 위꼬리, 아래꼬리라고 한다.

일반적으로 위꼬리는 매도를 의미하고 아래꼬리는 매수를 의미하는데 간혹 위꼬리가 길면 길수록 매도세가 크다. 아래꼬리가 길면 길수록 매수세가 크다고 이해하는 분들이 많은데 위꼬리가 크다는 게 매도세가 매수세보다 더 크고 아래꼬리가 길면 길수록 매수세가 매도세보다 큰 것은 아니다.

세가 크다라는 것은 곧 힘이 세다는 것을 의미한다. 주식에서의 힘이란 수요와 공급에서 나온다.

즉 매수세가 크다는 것은 매수의 양이 매도의 양보다 많다는 뜻이고 매도세가 크다는 것은 매도량이 매수량보다 더 많다는 것을 뜻이다.

위꼬리가 길다 해서 매도의 양이 매수의 양보다 언제나 많은 것은 절대 아니다. 아래꼬리가 길다 해서 매수의 양이 매도의 양보다 항상 많은 것도 역시 아니다.

이는 절대적으로 그 가격대에서 이루어진 매매 물량을 분석해서 매수세와 매도세를 파악해야지 캔들의 윗꼬리, 아래꼬리 길이만 가지고 판단해서는 안 된다.

일반적으로 꼬리의 길이가 세의 크기라고 하는데 틀린 말은 아니지만 완전하게 맞는 말도 아니다.

정확하게 말하면 꼬리의 길이는 매수, 매도 종가상의 가격 차이를 말하는 것이지 매매 세력의 힘을 말하는 게 아니다.

꼬리의 길이로 볼 때 위꼬리가 길면 매도세의 힘이 매수세의 힘보다 큰 것처럼 보이지만 수급과 물량 분석에 들어가면 매수 물량이 매도물량보다 훨씬 많은 것을 자주 보게 된다.

꼬리의 길이를 부를 때 세란 의미는 수요과 공급법칙에 따른 가격 하락과 상승의 근본이 되는 매수, 매도량의 크기와 힘의 크기와는 다른 뜻으로 이해해야 한다.

양봉은 보통 붉은색으로 표현되고 음봉은 파란색으로 표현되는데 각 개인의 취향에 따라 HTS 상에서 색상은 언제든지 바꿀 수 있다.

캔들은 크게 양봉과 음봉으로 나누어지는데 이 캔들이 형성되는 과정에 따라 아주 많은 형태와 그 봉 하나하나엔 많은 의미가 내포되어 있다.

이제부터 이 캔들의 종류와 의미를 공부해 보도록 하자.

1-1. 단일캔들의 의미

- 도찌형 캔들: 극단적 선택자들의 싸움이다.

도지형 캔들과 의미

형태	캔들	가격 조건	의미
십자형	┼	시가 = 종가	매수세와 매도세의 힘이 평행 꼬리의 길이가 길수록 신뢰도가 높다. (뇌동매매나 흔들기용 물량) 고점, 바닥권에서 발생 시 신뢰도가 높다.
점상, 점하형	─	시가 = 종가 = 고가 = 저가	보통 점상, 점하라 불리며 급등, 급락의 모습으로 익일 상승 시 매도, 익일 하락 시 매수, 매매가 사실상 불가능, 물량이 없다.
비석형	┬	시가 = 종가 = 저가	고가권 하락반전의 신호 꼬리가 길고 고점에서 신뢰도가 높다. 바닥권에서 종종 추세가 반전하는 경우도 있다.
잠자리형	┴	시가 = 종가 = 고가	바닥권 발생 상승반전 의미 꼬리가 길고 바닥권일수록 신뢰도가 높다. 상승 중 거래 수반과 함께 추가 상승 신호

추세반전의 신호
고가권 발행 시 하락전환 예상
바닥권 발생 시 상승반전 예상
속임수 캔들 발생 주의, 익일 주가의 움직임과 함께 파악할 것

　　도찌형 캔들은 시가와 종가가 동일한 캔들을 의미한다. 크게 4가지 정도로 구분된다.
　　십자형, 점상점하형, 비석형, 잠자리형으로 구분되는데 십자형이란 시가와 종가가 같으면서 위꼬리와 아래꼬리의 길이가 비슷하게 형성된 캔들이다. 이는 매도세와 매수세의 힘이 비슷하게 형성된 것으로 꼬리의 길이가 길면 길수록 신뢰도가 높다. 일반적으로 세력들의 물량 흔들기용에서 많이 발생되는데 특히 주가가 상승 중인 고점과 하락 중인 바닥권에서 이러한 모습이 나오면 추세반전이 될 가능성이 높다.

점상점하형은 시초가, 고가, 저가, 종가가 모두 동일한 모습을 나타내는 캔들인데 아침 시초가에 바로 상한가나 하한가로 시작해서 그 가격에서만 거래된 경우다.

장이 마감된 후 엄청난 호재 또는 악재로 인하여 다음 날 시초가가 상한가 또는 하한가로 형성되어 버리는 경우인데 이때는 사실상 거래는 불가하다. 이런 경우 거래 방법은 장전 동시호가 시작 시간인 8시 40분에 최대한 빨리 매매하고자 하는 물량을 여러 개로 쪼개서 주문을 넣는 방법밖에 없다.

그렇게 하면 일부가 체결될 가능성이 있다. 동시호가란 시초가와 종가를 뜻한다.

비석형은 시가, 종가, 저가가 같은 경우이며 위꼬리만 있는 모습으로 상승 중에 고가권에서 하락반전의 신호로 해석되는 모습이다. 꼬리가 길면 길수록 신뢰도가 높고 상승 중에 고가권에서 신뢰성이 높아진다.

하지만 바닥권에서도 종종 추세반전이 되는 경우도 있다.

잠자리형은 비석형과 반대로 시가, 종가, 고가가 같은 경우이며 하락 중에 저가권에서 상승반전의 신호로 해석된다. 이 역시 꼬리가 길면 길수록 신뢰성이 높으며 하락 중에 바닥권에서 신뢰성이 높으며 상승 중에는 거래수반과 함께 추가상승도 나오는 캔들이나.

이 캔들들은 추세반전의 신호가 나오는 것으로 속임수캔들의 발생에 주의하고 익일 주가의 움직임을 파악하면서 매매하여야 한다.

- 팽이형 캔들: 가장 평화로운 움직임이다.

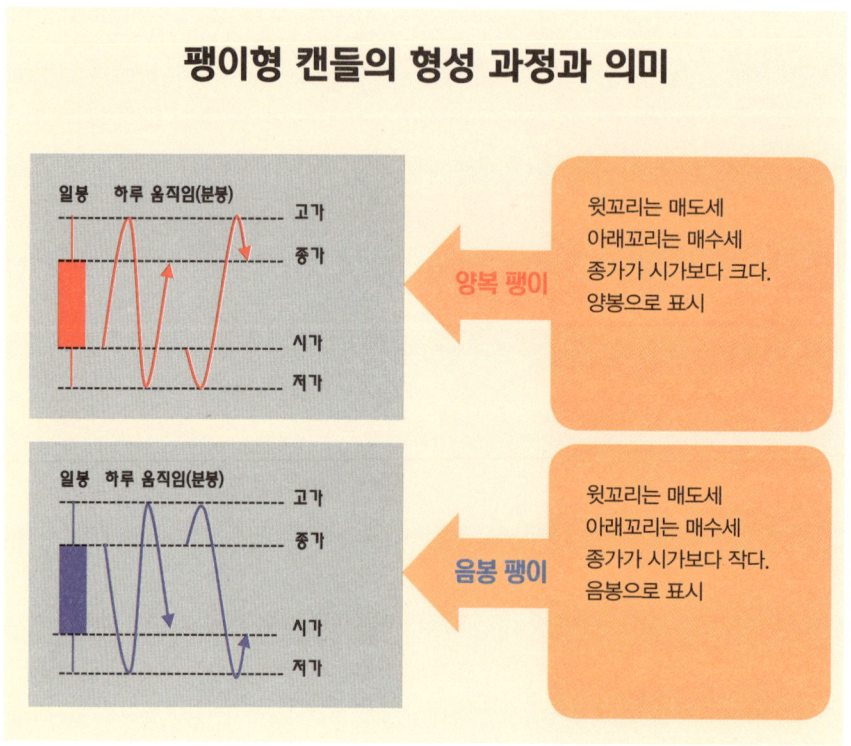

 시가, 종가, 고가, 저가가 모두 뚜렷하게 형성되는 것으로 말 그대로 캔들이지만 팽이처럼 그려지는 캔들이다.
 모든 캔들은 캔들의 크기가 크면 클수록 주가의 움직임의 폭과 주기가 엄청나게 다양하게 그려진다.
 몸통의 크기가 크면 클수록 양봉이면 매수 물량이 많아 추가상승할 가능성이 높으며 음봉이면 매도 물량이 많다는 의미로 추가하락의 가능성이 높다.

하지만 고가권 몸통 크기가 아주 큰 양봉(장대양봉)이나 바닥권 몸통 크기가 아주 큰 음봉(장대음봉)일 때는 조만간 추세반전이 오는 경우가 많다.

– 망치형 캔들: 누구든 맞으면 회생 아니면 사망이다.

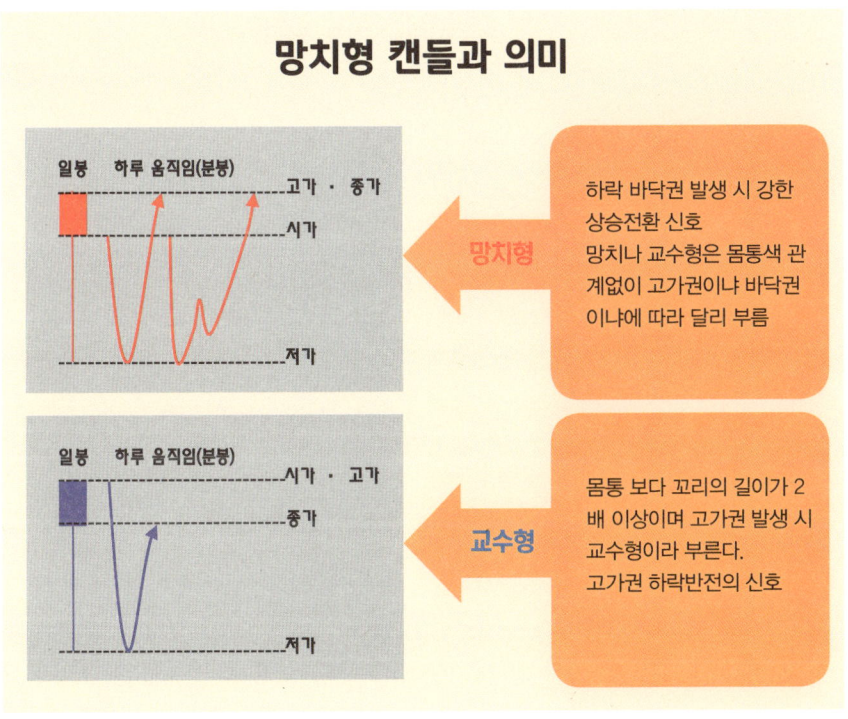

몸통의 길이가 짧고 꼬리의 길이기 길어 마치 망치처럼 생겼다 하여 망치형 캔들이라 부른다.

봉의 색깔에 따라 양봉일 때는 양봉망치형, 음봉일땐 음봉망치형이라 부르지만 음봉망치형의 경우에 고가권에서 발생할 때는 망치형이라 부르지 않고 교수형이라 부른다.

저가권 망치형은 상승반전신호로 보며 고가권 교수형은 하락반전의 신호로 본다.

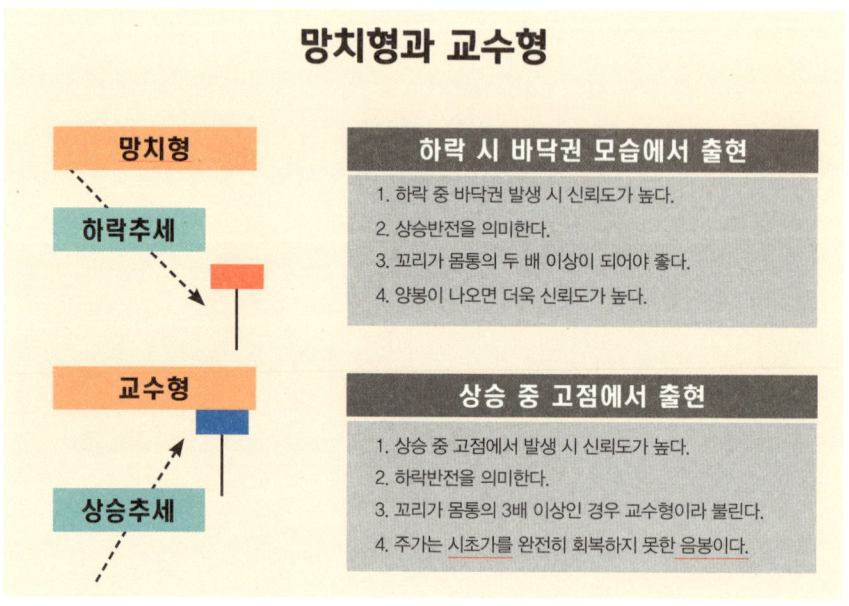

- 아래꼬리 캔들: 매수호가의 크기일 뿐이다.

망치형과 비슷한 주가의 움직임을 나타내는 모습이지만 몸통이 길고 꼬리가 망치형보다 짧다.

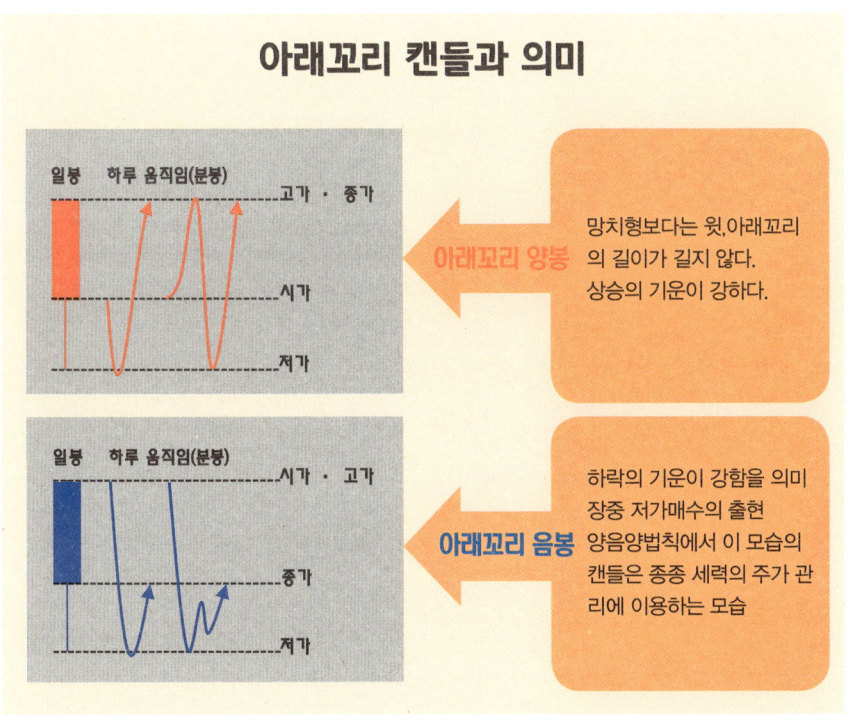

- 장대봉 캔들: 변곡점에서 빛을 발한다.

강력한 상승과 하락 신호로 양봉 장대봉은 고점 돌파 패턴이 나오면서 거래량이 급증할 때에는 추가로 강한 상승세를 보인다.

고가권 하락잉태형이 발생했을 때는 하락신호로 보며 바닥권 상승 잉태형이 발생했을 때는 상승신호로 본다.

장대음봉일 경우에는 상승 시 발생하든, 하락 시 발생하든 위치에 상관없이 지속적인 하락으로 본다.

다음 날 상승잉태형이 나오는 경우는 상승반전으로 본다.

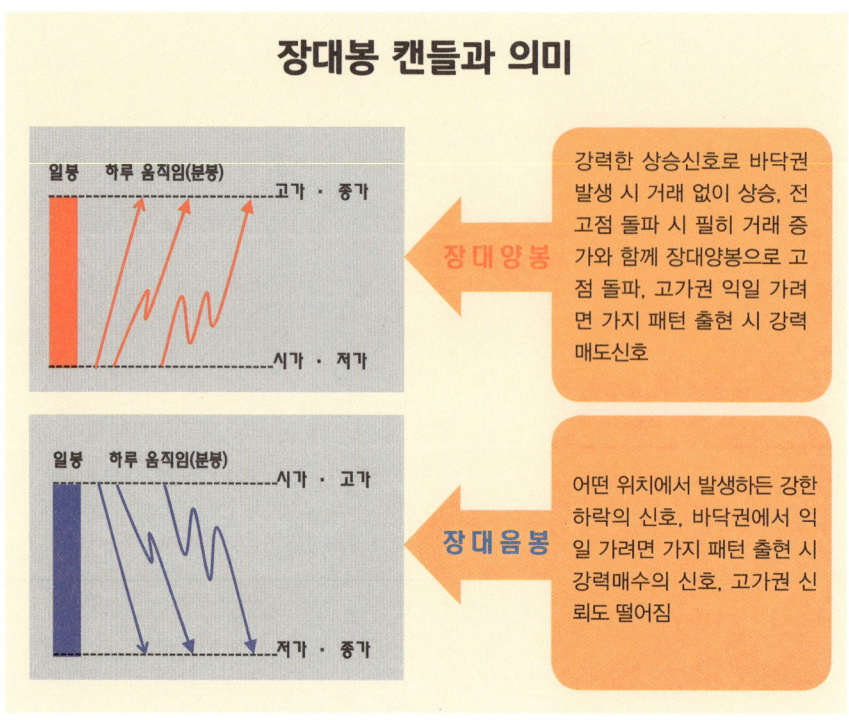

- 역망치 캔들: 캔들의 왕이다.

위꼬리가 길고 몸통이 짧은 모습이며 양봉 역망치형은 캔들 중에서 으뜸이다.

위꼬리는 매도세를 의미하며 매물 소화 과정이다.

이 양봉 역망치형 캔들은 당일 하루 중에 상승과 물량 소화 과정을 다 거친 종목이기 때문에 의미 있는 이평선의 지지를 받는 위치라면 이미 물량 소화 과정이 위꼬리 부분에서 나왔기 때문에 다음 날 추가상승이 나올 가능성이 많으며 상승추세를 지속적으로 이어나갈 가능성이 높은 모습이다.

이 캔들의 가장 중요한 의미는 바로 당일에 물량 소화 과정을 다 거쳤다

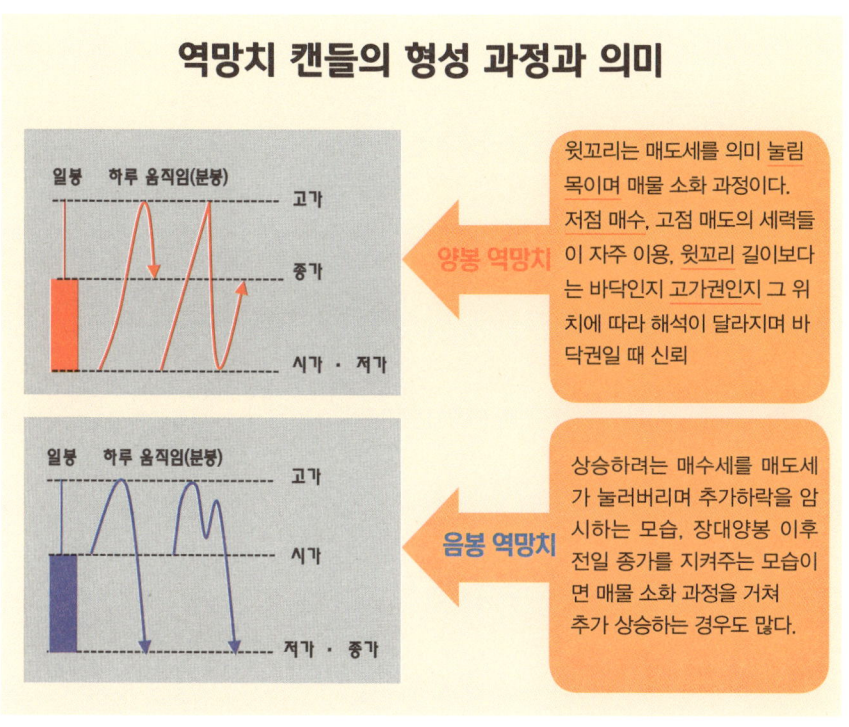

는 게 핵심 포인트임을 다시 한 번 강조한다.

바닥권이거나 조정 시 추세의 지지가격대 또는 이평선의 지지를 받는 위치에서는 아주 중요한 매수 급소 포인트가 된다.

– 샅바형 캔들: 어찡찡한 캔들이다.

양봉샅바형은 위꼬리가 아주 짧고 몸통이 길다. 몸통의 길이가 길어 상승세가 큰 것으로 보이지만 매물 소화 과정을 충분히 거치지 않았음을 뜻하므로 망치형보다는 신뢰성이 떨어진다.

바닥권에서 발생했을 때 상승전환신호로 본다.

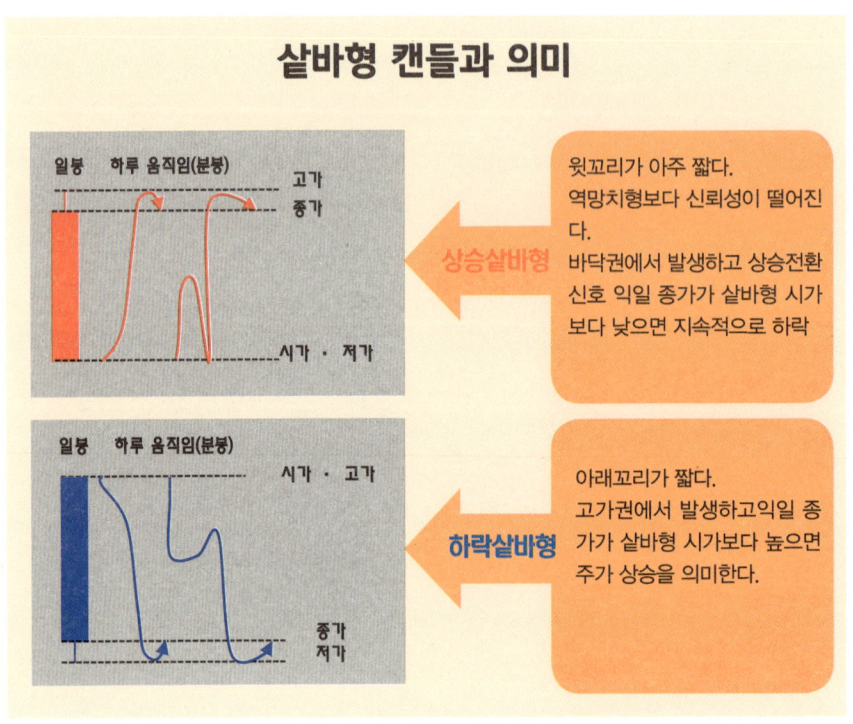

- 십자형 캔들: 힘의 팽팽함을 보여주는 것이다.

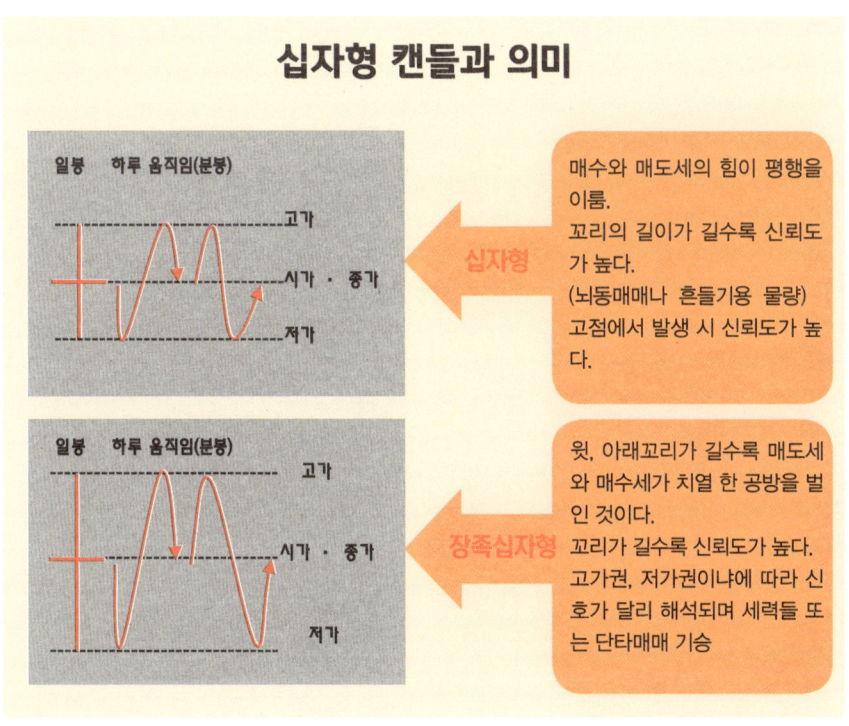

1-2. 복합캔들의 의미(두 개 이상의 봉을 분석하며 추세를 예상)

- 장악형 캔들: 힘의 세기가 확실히 나오는 변곡점 캔들이다.

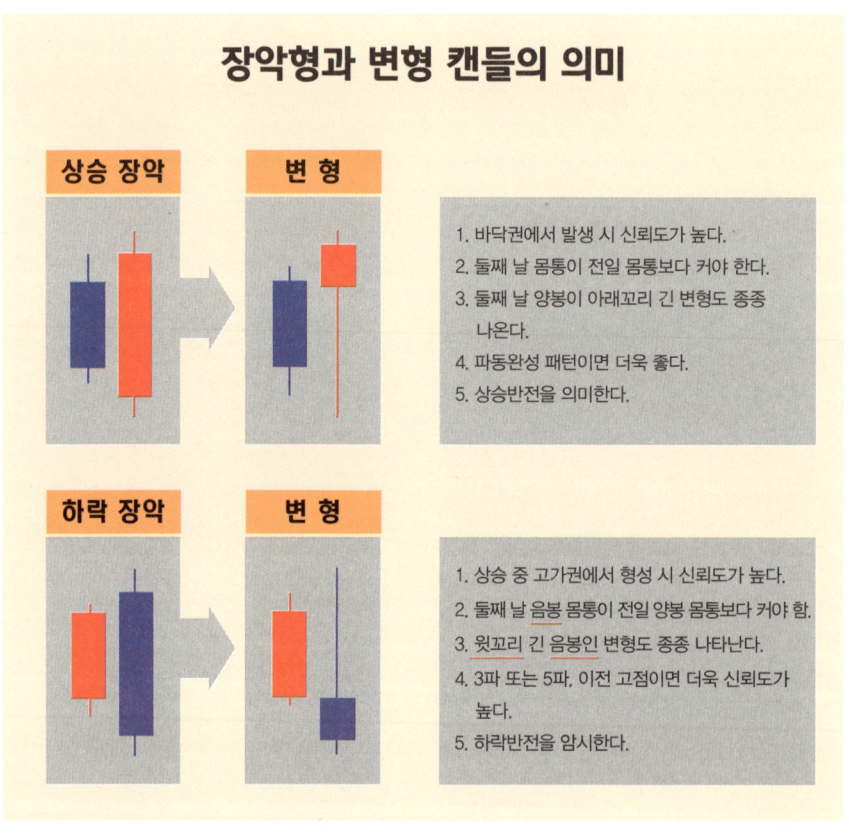

　상승장악형 캔들은 당일 발생한 양봉의 몸통이 전일 발생한 음봉의 몸통 자체를 완전히 지배하는 것을 말하며 바닥권에서 나올 때 상승반전의 신뢰도가 높다.
　하락장악형은 당일 발생한 음봉의 몸통이 전일 발생한 양봉의 몸통을 완전히 덮어버리는 패턴을 말하며 고가권에서 발생할 때 하락반전의 신뢰도가 높다.

이러한 장악형은 특히 파동이 완성되는 패턴에서 나오면 신뢰도는 더욱 높아진다.

상승장악형과 흑운형

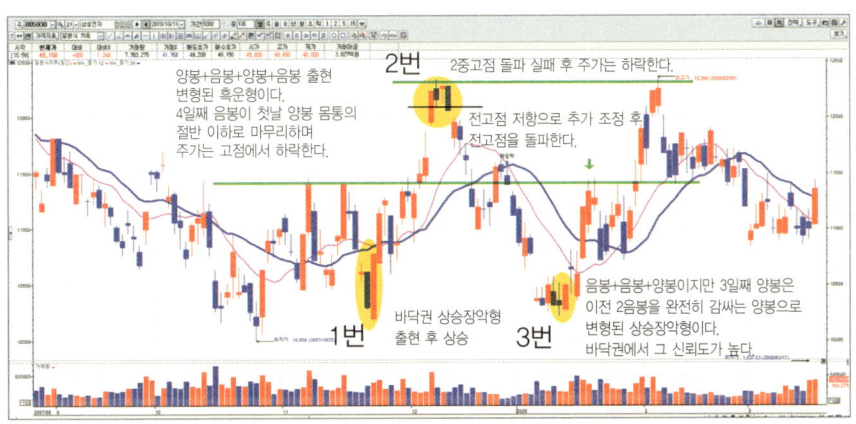

1번 위치의 하락 중 이중바닥 확인 후 상승장악형이 출현하고 나서 주가는 상승하며 전 고점까지 돌파하고 2번 위치까지 상승하였다.

2번 위치에서 양음양패턴 후 바로 변형된 흑운형패턴이 나오면서 주가는 하락하는 모습을 보이고 있다.

다시 3번 위치에서 주가는 삼중바닥을 확인하고 변형된 상승장악형패턴이 나오면서 다시 2번 고점까지 주가는 상승한다.

- 잉태형 캔들: 반전신뢰도가 높은 캔들이다.

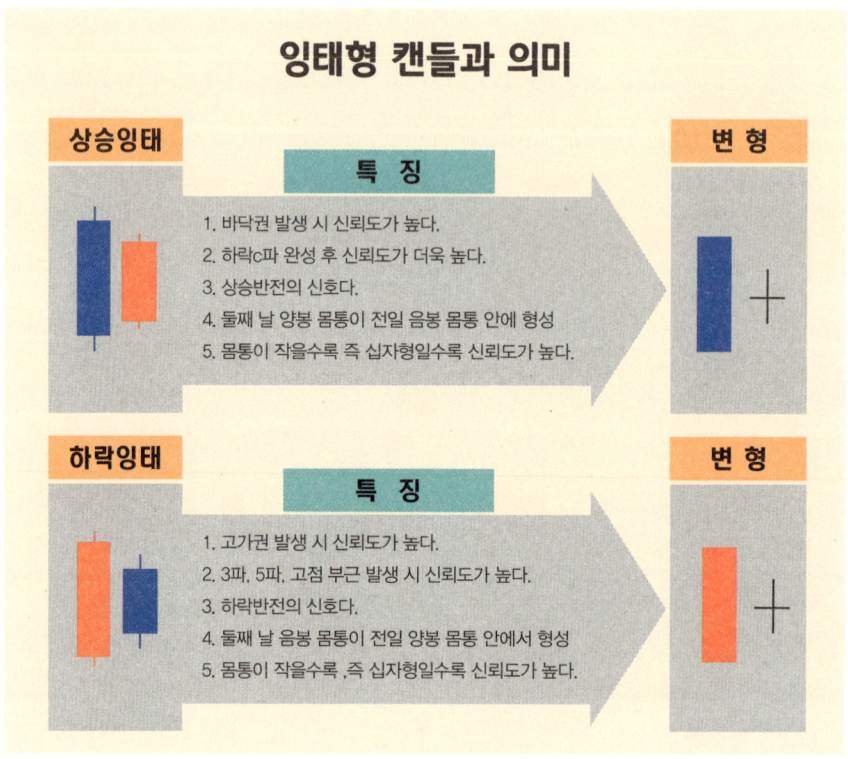

　상승잉태형: 당일 발생한 양봉의 몸통이 전일 발생된 음봉의 몸통 안쪽에서 형성되는 패턴을 이야기하며 당일 발생한 몸통의 크기가 작으면 작을수록 신뢰도가 더욱 높아진다.
　이 잉태형은 하락 중 바닥권에서 나타날 때 그 신뢰도가 커지는데 바닥권에서 이 잉태형이 발생되고 난 후에도 반등이 나오지 않는다면 주가는 크게 하락할 가능성이 높다. 하락 c파 이하에서 발생했을 때 신뢰도가 더욱 더 높아진다.

상승잉태형과 역망치

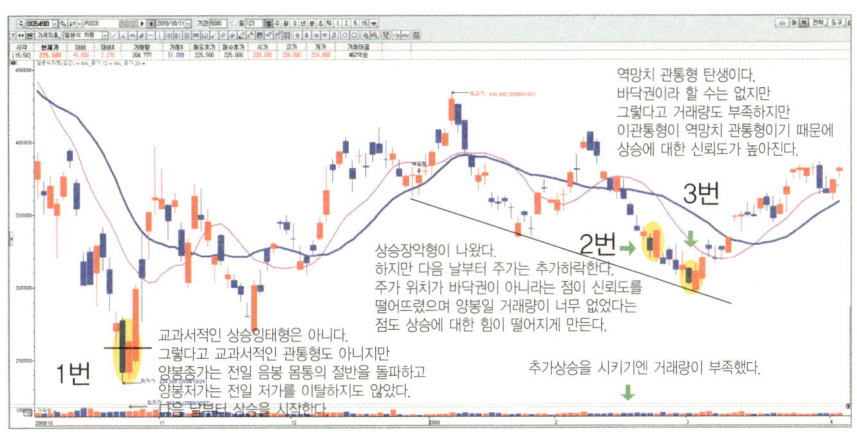

1번 위치는 관통형과 잉태형이 동시에 나오는 패턴으로 둘 다 교과서적인 모습은 아니지만 충분히 교과서적 캔들 이상으로 상승반등을 기대해볼 만한 캔들이 생성되었다.

2번 위치에 나온 상승장악형은 반등이 나올 기대감이 높기는 하지만 거래량이 부족한 모습이다.

주식은 수급이라고 했고 상승은 매수세라고 했다.

상승 반등을 주기엔 캔들이 잘 만들어졌지만 거래량 부족으로 상승에 실패하고 3번에서 역망치 관통형패턴이 나오면서 수급은 조금 부족함 감이 있지만 추세지지를 받는 위치이기 때문에 상승반등의 신뢰도가 많이 높아졌다.

하락잉태형: 당일 발생한 음봉의 몸통이 전일 발생된 양봉의 몸통 안에서 형성되는 패턴을 이야기하며 당일 발생한 몸통의 크기가 작으면 작을수록 신뢰도가 더욱 높아진다.

이 잉태형은 상승 중 고가권에서 나타날 때 그 신뢰도가 커지는데 고가권에서 이 잉태형이 발생되고 난 후에도 하락이 나오지 않는다면 주가는 크게 상승할 가능성이 높다. 상승5파 이상에서 나타날 때 그 신뢰도가 더욱더 높아진다.

하락잉태형

1번 위치에서 고가권 하락잉태형이 나오고는 주가가 본격적으로 하락하는 모습이다.

2번 위치에서 상승장악형이 나오면서 일시적 반등이 나오지만 피보나치 되돌림 수치인 38.2% 만큼의 짧은 반등이 나오고 다시 하락하는 모습이다.

파동으로 보면 하락a파동에서 반등이 나오고 있다.

이렇게 하락 종목은 파동이 완성되지 않는 추세전환 캔들은 반등이 크게 나오지 않는다.

무릇 강하고 큰 시세는 파동이 완성되고 깊게 빠진 종목에서 나오는 법이다.

산이 높은 곳은 골도 깊은 법이고 골이 깊은 곳은 산도 높은 법이다.

3번 위치는 파동 자체가 하락c파동을 넘어서 하락e파동까지 간 후에 상승장악형이 나오고 있기 때문에 이때는 신뢰성이 아주 높아진 단계다.

여기에서는 반등 후 조정되더라도 4번 위치처럼 저점을 높이는 상승장악형이 하나 더 나오면서 주가는 상승한다.

하락장악형, 역망치, 상승잉태형

이 주가의 움직임도 최소 하락e파동의 완성되고 나서 상승하는 모습이다.

1, 2번에서 하락장악형패턴이 일어나고 파동이 마무리되는 위치에서 갭으로 하락한 3번에서 아래꼬리가 긴 망치형패턴이 나오고 나서 일시적인 반등이 나오고 다시 주가가 조정되었지만 파동의 완성으로 인하여 주가

는 저점을 높이는 4번 지점에서 상승잉태형패턴이 되면서 주가는 상승하는 모습을 보이고 있다.

– 관통형과 흑운형 캔들: 반전신호이긴 하지만 애매할 때가 많다.

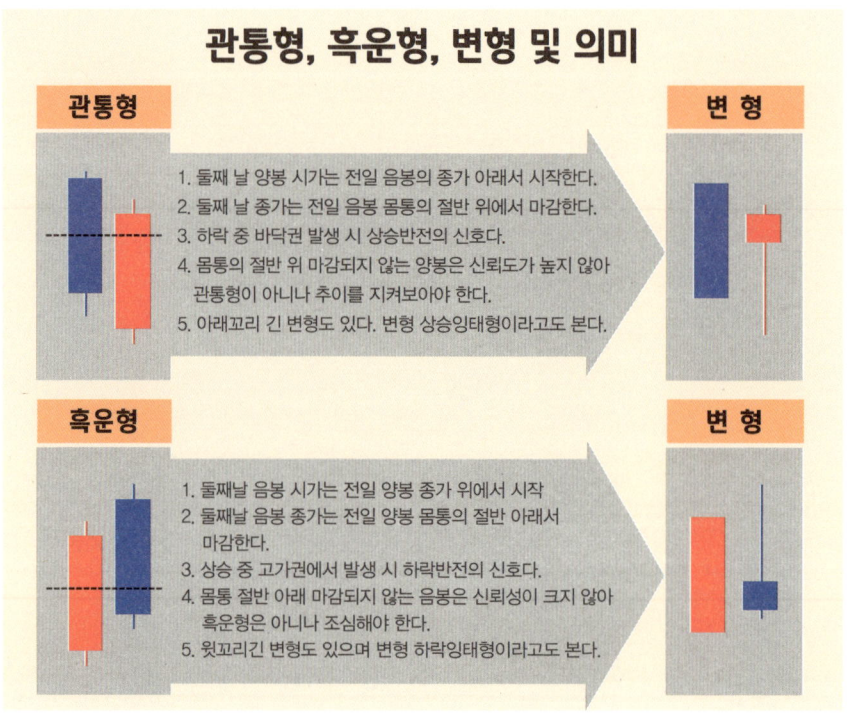

* **관통형 캔들**

당일 양봉의 시가가 전일 음봉종가 이하에서 시작해서 몸통이 전일 음봉의 몸통 절반을 넘어 마감된 모습을 말하며 이것 역시 하락 중 바닥권 발생 시 신뢰도가 높아진다. 아래꼬리가 긴 변형된 모습도 나온다.

* **흑운형캔들**

당일 음봉의 시가가 전일 양봉 종가 이상에서 시작해서 전일 음봉의 몸통 절반을 넘어 종가가 마감된 모습을 말하며 이것도 역시 상승 중에 고가권 위치에서 발생했을 때 신뢰도가 높아진다. 위꼬리 긴 변형된 모습도 나온다.

- 유성형 캔들: 고가권에서 힘을 발휘한다.

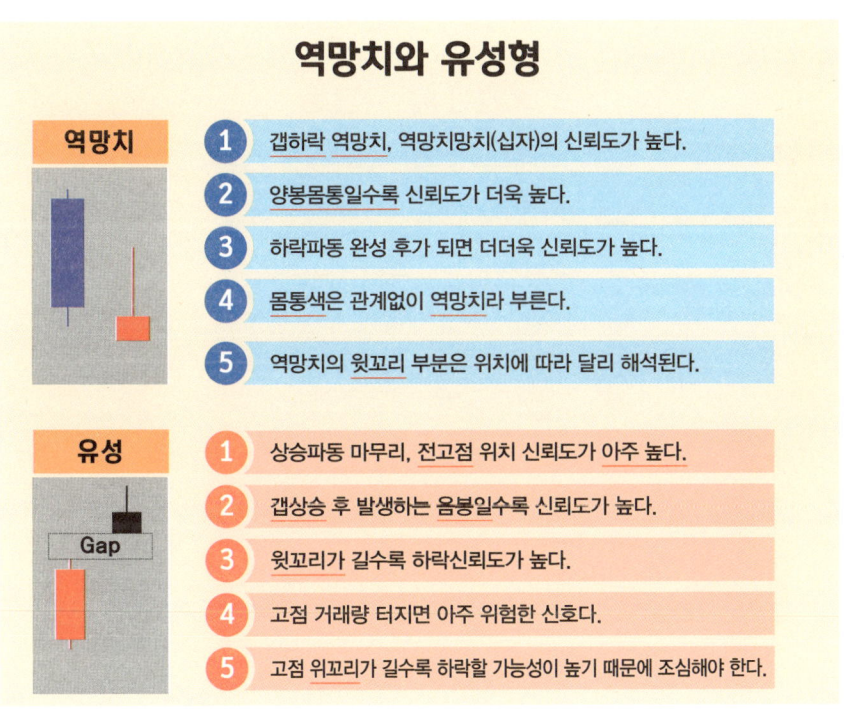

역망치형이지만 전일 양봉고가 이상에서 갭을 발생 시키며 시초가가 시작되어서 종가 역시 전일고가 이상에서 마무리되는 음봉 역망치형이 나올 때를 유성형이라 한다.

여기에서 거래량이 대량으로 수반되면 고점에서 세력들의 물량털이가 나오는 아주 위험한 패턴으로 하락할 가능성이 매우 높다.

- 샛별형과 석별형 캔들: 별이 뜨고 다음 날을 보라.

도지샛별형은 일봉 기준으로 왼쪽 첫 번째 종가 음봉 대비 두 번째 시가가 갭 하락 후 도지형으로 마무리되고 세 번째 시가가 다시 갭 상승 후 양봉이 첫째 날 음봉의 절반 이상에서 마무리되는 패턴이다.

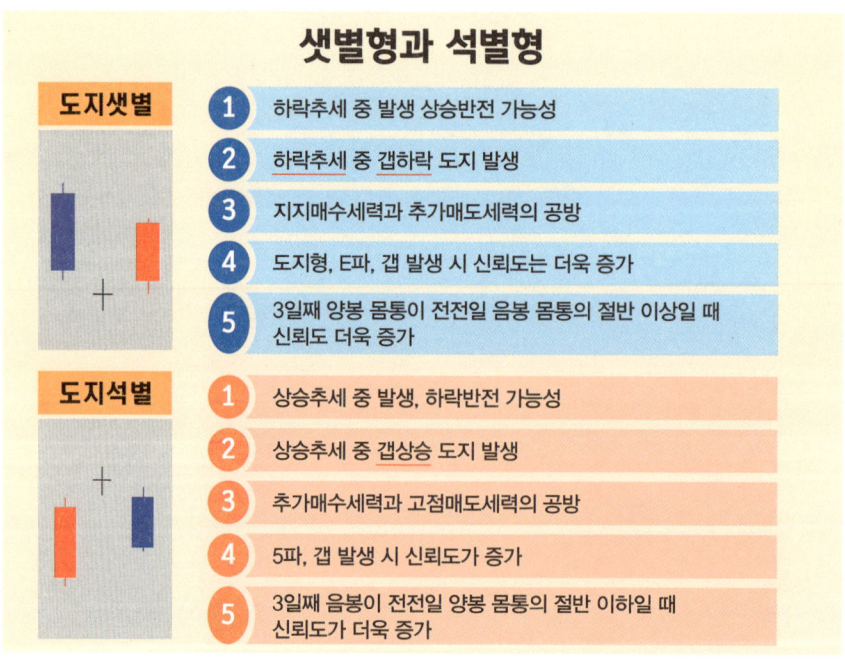

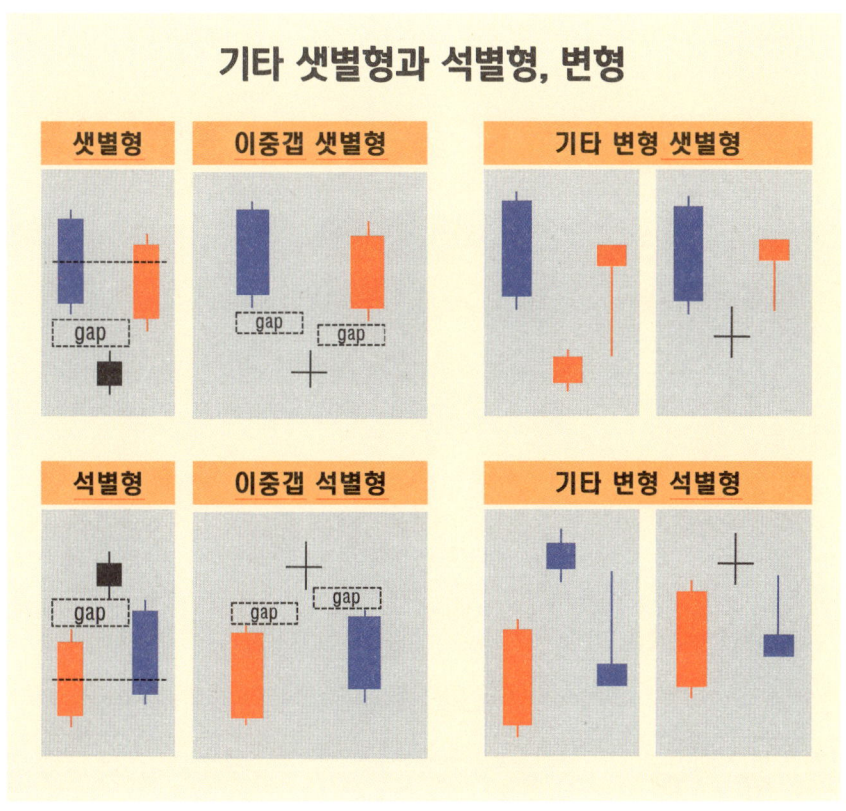

　석별형은 첫째 날 양봉을 마무리한 후 둘째 날 시가가 첫째 날 양봉종가 이상에서 시작하고 도지형으로 마무리된 후 셋째 날 시가는 둘째 날 종가 이하에서 시작해서 첫째 날 양봉의 몸통 절반 이하에서 음봉으로 마무리되는 패턴으로서 하락신호로 본다.

　기타 3캔들 복합패턴들도 그림을 보며 참고하면서 상승반전, 하락반전 신호들을 해석하라.

- 쌍둥이 잉태형 또는 속임수 잉태형(일명: 가려면 가지 패턴):
  반전의 반전이다.

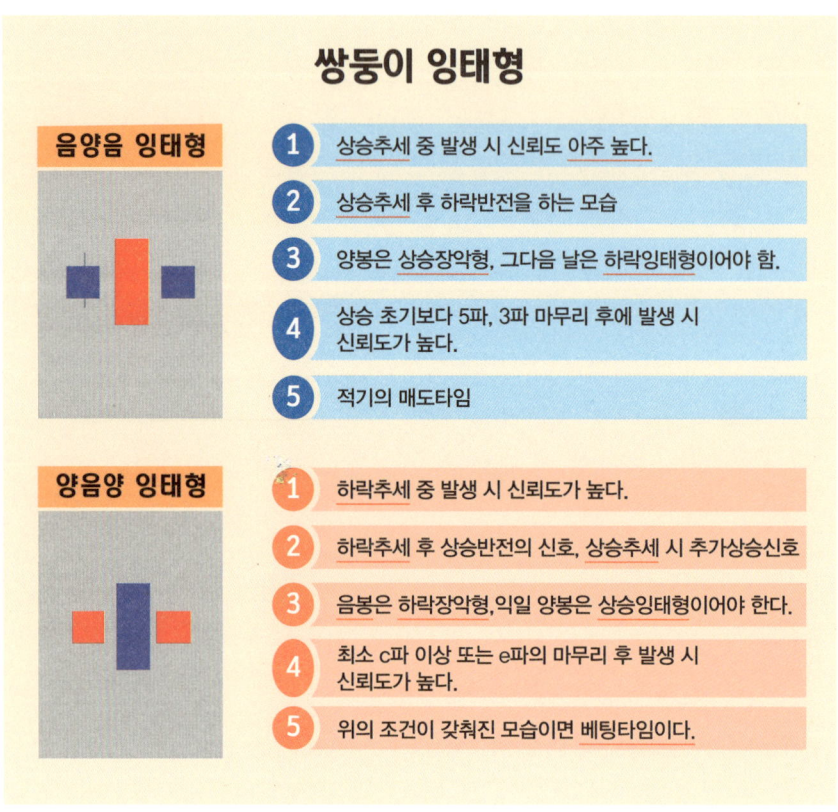

 이 패턴은 고가권, 저가권 어디에서도 발생해도 신뢰도가 아주 높은 패턴이다.
 일반적으로 상승장악형은 바닥권에서 신뢰도가 높다는 것이 특징이고 하락장악형은 고가권에서 신뢰도가 높다는 것이 특징이다.
 하지만 이 패턴은 어디에서 발생하더라도 신뢰도가 아주 높은 편이다.

상승 중 고가권에서는 상승장악형이 나오면 추가상승을 기대할 수 있는데 다음 날 바로 하락잉태형이 나옴으로써 고가권에서 추가상승 없이 하락 반전에 더 높은 신뢰도가 부여된다.

또한 고가권에서 발생하는 하락장악형은 하락을 암시하지만 다음 날 상승잉태형이 나오게 되면 추가상승이 이어지는 패턴이다.

또한 바닥권에서는 추가적인 하락을 암시하는 하락장악형이 나오더라도 다음 날 다시 상승잉태형이 나오면 반등할 가능성이 매우 높은 패턴이다.

이 패턴은 마지막 날 나오는 패턴이 어떠하느냐에 따라 반전인지, 추세로 이어지는지가 결정된다.

가려면 가지

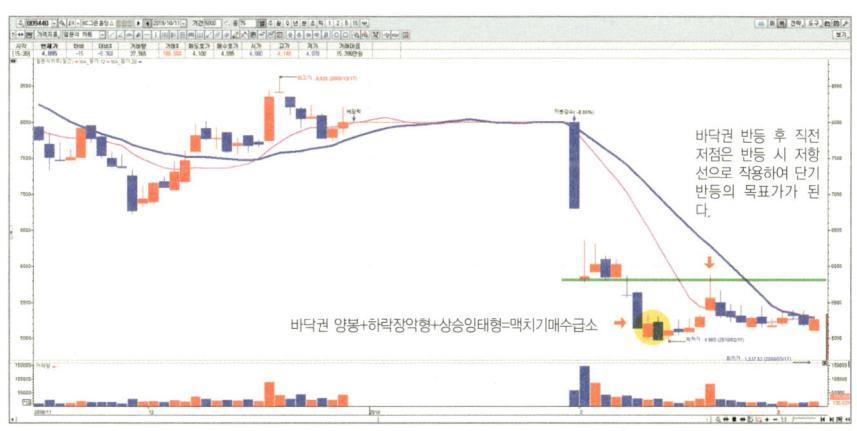

고가권 가려면 가지

상승 초기 돌파형 가려면 가지

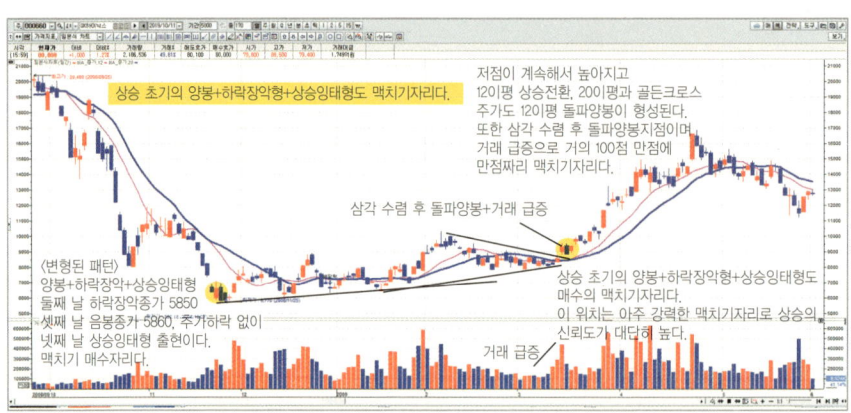

3장 주식 투자는 타이밍의 예술사만 이길 수 있는 게임이다

– 집게형 캔들: 뚫기 힘든 캔들이다.

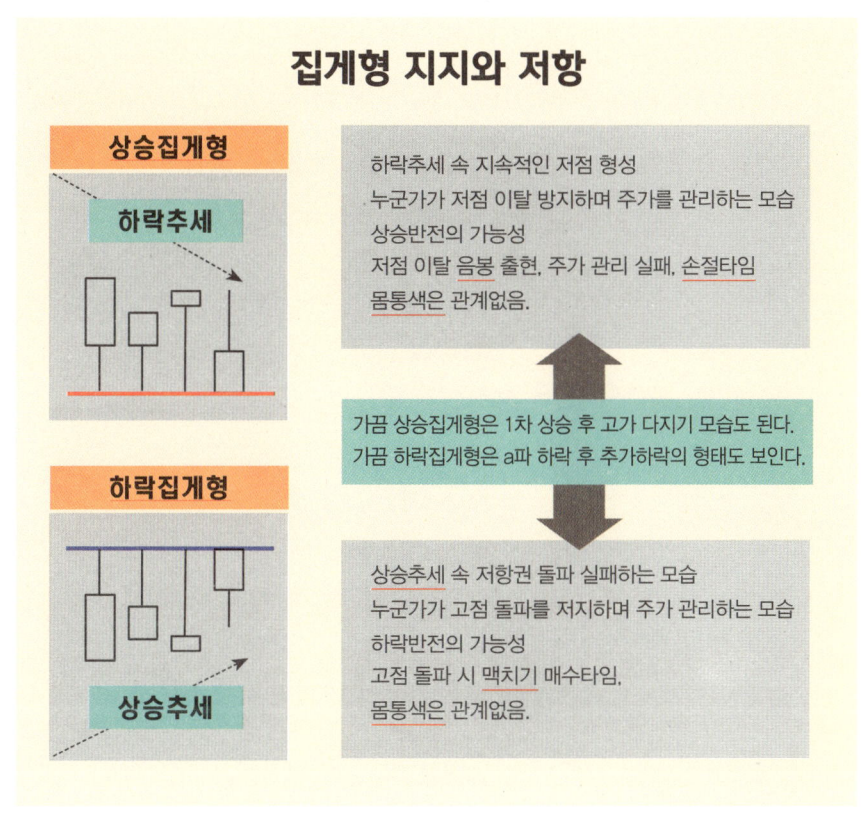

– 적삼병과 흑삼병 캔들: 가던 길을 계속 가고 싶어 하는 모습이다.

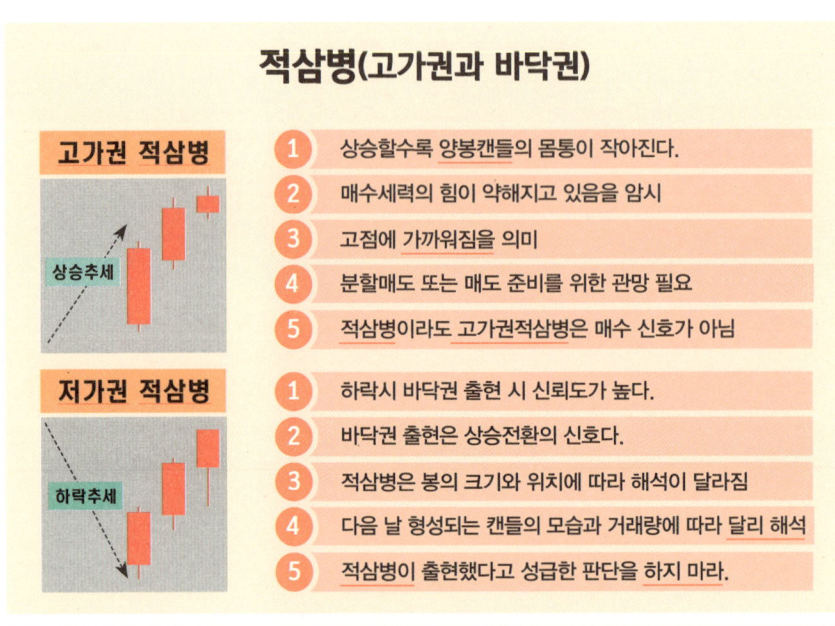

적삼병(고가권과 바닥권)

고가권 적삼병 (상승추세)
1. 상승할수록 양봉캔들의 몸통이 작아진다.
2. 매수세력의 힘이 약해지고 있음을 암시
3. 고점에 가까워짐을 의미
4. 분할매도 또는 매도 준비를 위한 관망 필요
5. 적삼병이라도 고가권적삼병은 매수 신호가 아님

저가권 적삼병 (하락추세)
1. 하락시 바닥권 출현 시 신뢰도가 높다.
2. 바닥권 출현은 상승전환의 신호다.
3. 적삼병은 봉의 크기와 위치에 따라 해석이 달라짐
4. 다음 날 형성되는 캔들의 모습과 거래량에 따라 달리 해석
5. 적삼병이 출현했다고 성급한 판단을 하지 마라.

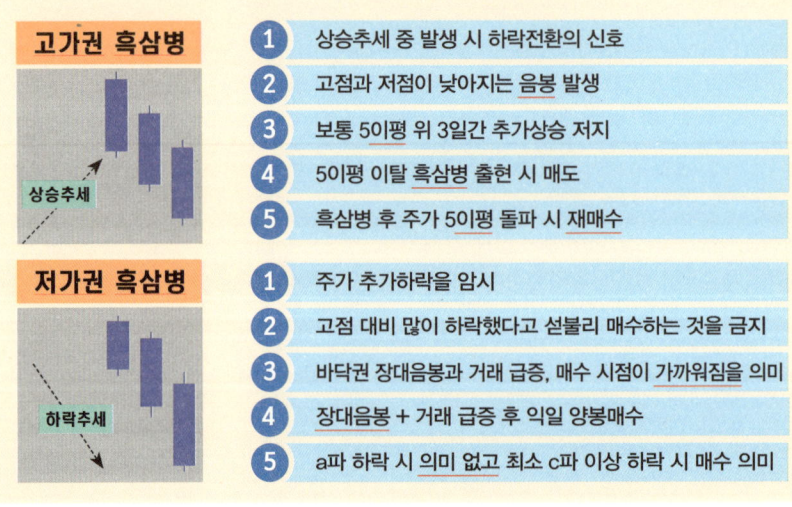

흑삼병(고가권과 바닥권)

고가권 흑삼병 (상승추세)
1. 상승추세 중 발생 시 하락전환의 신호
2. 고점과 저점이 낮아지는 음봉 발생
3. 보통 5이평 위 3일간 추가상승 저지
4. 5이평 이탈 흑삼병 출현 시 매도
5. 흑삼병 후 주가 5이평 돌파 시 재매수

저가권 흑삼병 (하락추세)
1. 주가 추가하락을 암시
2. 고점 대비 많이 하락했다고 섣불리 매수하는 것을 금지
3. 바닥권 장대음봉과 거래 급증, 매수 시점이 가까워짐을 의미
4. 장대음봉 + 거래 급증 후 익일 양봉매수
5. a파 하락 시 의미 없고 최소 c파 이상 하락 시 매수 의미

- 추세 이탈형 캔들: 가든 길을 멈추고 발길을 돌리고 싶다.

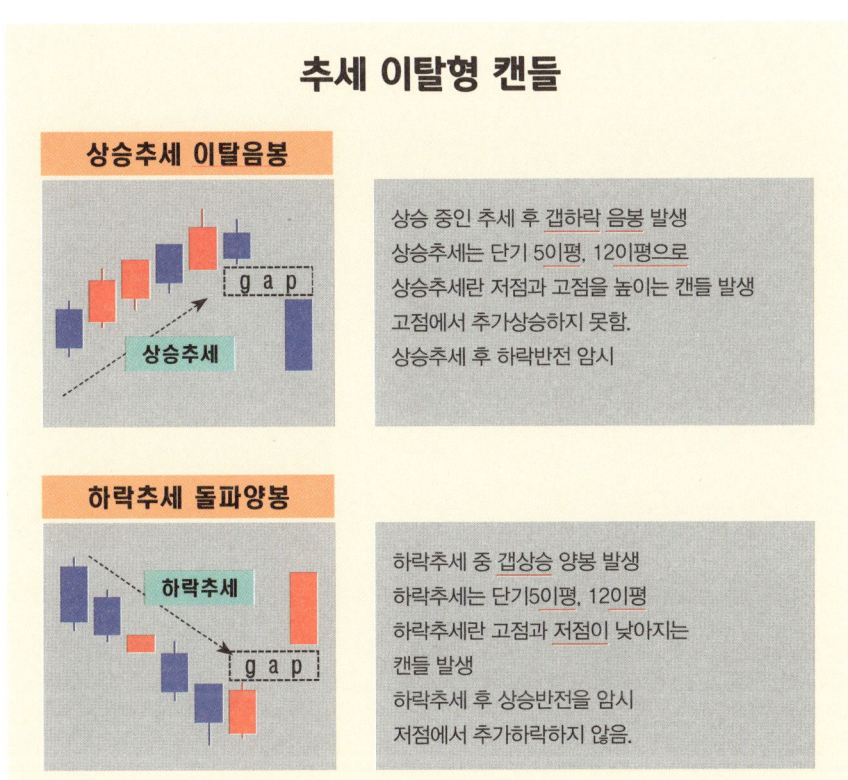

2. 추세 편

- 추세는 핵심이다. 모든 주가는 추세로 결정된다.

어떤 종목도 아래에 서술된 주가의 움직임에서 벗어날 수 없다(이 책의 그물에서 빠져나갈 수 없다).

캔들은 추세를 만들어주는 역할을 하기 때문에 중요한 것이다. 캔들이 없다면 추세는 없다.
하지만 캔들은 기본일 뿐 추세가 핵심이다.
이 책의 핵심은 아래 서술된 각종 추세라고 생각하고 공부하자.
그 어떤 주가의 움직임도 이 책의 추세를 벗어날 수 없다.

기술적 분석의 핵심은 캔들과 추세(차트) 그리고 거래량이라고 했다.

주식에서 가장 중요한 것은 매수세라고 했다.

수요와 공급은 세계 역사를 이끌어온 핵심 요소이며, 주가도 바로 이 수요와 공급의 법칙에 따라 형성된다.

수요는 매수세요, 공급은 매도세라고 한다.

매수세는 상승을 의미하고 매도세는 하락을 의미한다는 것은 누구나 잘 알고 있다.

주식에서 거래량 분석으로 매매를 잘 하시는 분도 아주 많다.

거래량 분석만으로도 책 한 권은 충분히 낼 수 있을 정도이니 상당히 중요한 지표라고 할 수 있다.

하지만 거래량 역시 속임수가 엄청나게 많은 것도 사실이다.

간혹 거래가 급증하기 시작하면 그때를 매수세의 유입으로 매수의 최적 타임이라고 하는데 이것 역시 세력들이 물량을 털기 위한 속임수일 경우가 너무나도 많은 것도 사실이다.

그래서 거래량 하나로만은 절대 매매를 할 수가 없다.

이는 캔들이나 추세가 없는 차트에서 거래량만 가지고는 절대 매매를 하지 못하기 때문이다.

이 이야기는 같은 거래량이라도 그 주가의 위치와 추세가 어떤지를 모르는 상태에서는 거래량만으로 매매를 하다가는 속임수에 당하기도 쉽거니와 추세나 캔들 없는 거래량 분석은 절대 있을 수가 없다는 것이 필자의 생각이다.

결국 필자가 위에서도 언급했듯이 기술적 분석의 3가지는 캔들, 추세, 거래량이다.

캔들은 추세를 만들기 위한 기본이요, 거래량은 추세를 판단해서 매수

급소를 찾기 위한 핵심 빅데이터가 된다는 측면에서 필자는 추세를 가장 중요한 매매 타임의 핵심 열쇠라고 본다.

이 추세를 분석하고 난 다음 거래량을 참고해서 매수 급소를 찾는 것이다.

추세가 그려져 있지 않은 허공에서 거래량을 분석하는 것은 있을 수가 없는 것이다.

물론 거래량을 보면서 추세를 참고해서 매매 타임을 잡는 분들은 거래량이 더 중요하다고 생각하고 이를 핵심이라 볼 수도 있을 것이다.

이 문제는 닭이 먼저냐 달걀이 먼저냐를 가지고 논쟁하는 것과 마찬가지이니 각자의 생각에 따라 결정하면 되는 것이지 '어느 것이 먼저다'라고 소모적인 이야기를 할 필요는 없다.

필자는 추세가 가장 중요하고 거래량은 그 추세의 매매 포인트에서 거래량을 분석해서 진성인지 속임수인지를 판단해야 한다고 생각한다. 캔들 분석 역시 추세를 만들어주는 가장 기본적인 단위이기 때문에 아주 중요하지만 추세 분석 없이 캔들만 가지고 매매를 한다는 것은 매우 위험한 행동이다.

이번 장에서는 기술적 분석 가운데 필자가 가장 중요하게 생각하는 추세 분석에 대하여 자세히 알아보도록 하자.

- 추세란 무엇인가?

추세는 캔들이 하나하나 모여 그려진 집합체의 움직임에 대해 하나의 일관성을 부여한 길로 표현한 것이다.

이 캔들이 날짜별로 또는 시간대별로 하나하나 그려져서 전체적으로 표현된 것이 차트다.

주가가 움직이는 것은 다음의 세 가지 경우 말고는 없다.

첫째, 주가는 언제나 고정된 가격에서 머물든지 아니면 그 고정된 가격에서 동일한 가격만큼 상승과 하락을 반복하면서 진행되는 경우다. 둘째, 주가가 오르는 폭이 크고 내리는 폭이 작으면서 계속 진행되는 경우다. 셋째, 주가가 내리는 폭이 크고 오르는 폭이 작은 모습으로 계속 진행되는 경우다.

주가의 움직임은 오르는 폭이 크고 내리는 폭이 작으면 전반적으로 주가는 계속 상승하는 모습을 나타낼 것이고 내리는 폭이 크고 오르는 폭이 작으면 주가는 계속해서 내려가면서 진행될 것이다. 즉 위에서 언급한 대로 주가의 방향은 상승 아니면 하락 그리고 횡보 딱 세 가지 경우 말고는 없다.

이외 아주 특별한 경우가 부분적으로는 몇 가지가 있긴 하지만 크게 보면 이 세 가지가 전부다.

보통 차트를 분석할 때 초보자들의 경우에는 차트의 기간을 아주 짧게 해서 보는 분이 많은데 최소한 6개월 이상 차트를 보는 것이 좋다.

차트의 기간을 너무 길게 해서 보면 투자 기간이 아주 긴 장기 투자자의 경우에는 유용하겠지만 일반적인 개인 투자자들의 추세투자엔 오히려 부담이 될 수도 있다.

이렇게 차트 기간을 길게 할 때에는 주봉이나 월봉으로 보는 것이 좋겠다.

- 추세터널의 종류

추세에는 상승추세와 하락추세 그리고 횡보세가 있다고 했다.

상승추세대란 주가의 진행 과정에서 주가가 조정을 받기 시작한 최고점과 다음 조정을 받기 시작한 고점을 연결하고 주가가 반등을 시작한 최저점과 다음 반등을 시작한 최저점을 연결하였을 때 그 연결선이 우상향 방향으로 진행되는 것을 말한다.

하락추세대란 주가의 진행 과정에서 주가가 조정을 받기 시작한 최고점과 다음 조정을 받기 시작한 고점을 연결하고 주가가 반등을 시작한 최저점과 다음 반등을 시작한 저점을 연결하였을 때 그 연결선이 우하향 방향으로 진행되는 것을 말한다.

횡보추세대란 주가의 진행 과정에서 주가가 조정을 받기 시작한 최고점과 다음 조정을 받기 시작한 고점을 연결하고 주가가 반등을 시작한 최저점과 다음 반등을 시작한 최저점을 연결하였을 때 그 연결선이 횡으로 평행하게 진행되는 모습을 횡보 추세라고 한다.

이런 추세가 형성되었을 때 매매 타임은 그 추세대를 뚫어내지 못하면서 주가 하락이 나올 때는 매도 타임이 되는 것이고, 추세대를 뚫어 버리고 상승하게 되면 그때가 매수 타임이 되는 것이다.

추세대에서 가격이 지지력을 받고 오를 때는 매수 타임이 되는 것이고 추세대를 이탈하게 되면 그때가 매도 타임이 되는 것이다. 즉 추세대는 지지가격이기도 하고 저항가격이 되는 것이기도 하다.

뚫은 추세대는 그때부터 이제 지지가격이 되고 이탈한 지지대는 그때부터가 저항가격대가 된다.

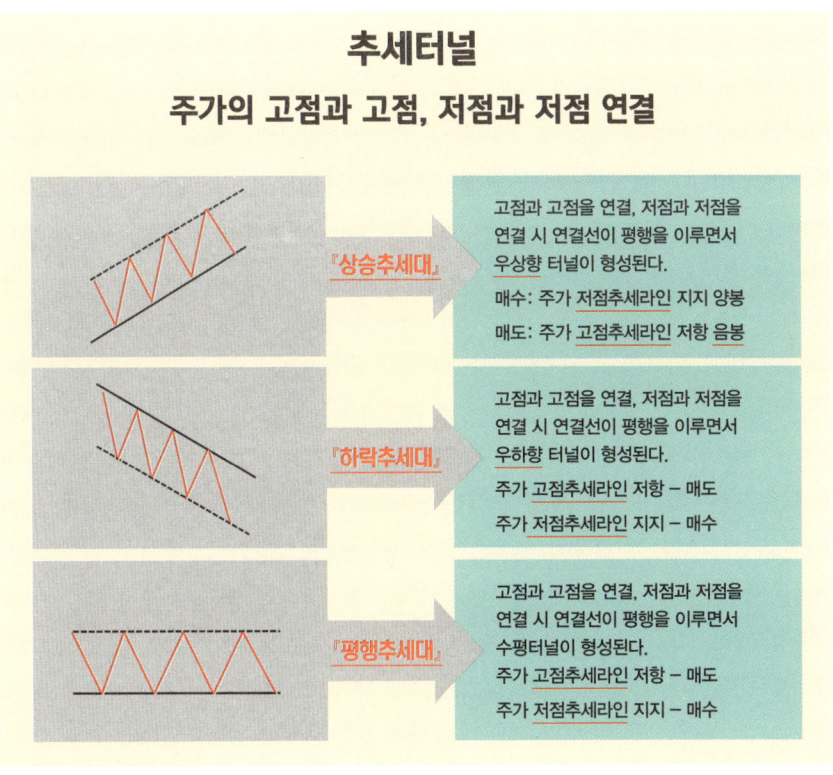

– 매매 타임 찾기의 기본

매매의 기본

- 추세대를 뚫지 못하면 매도
- 추세대를 뚫으면 매수
- 추세대를 지지하면 매수
- 추세대를 이탈하면 매도
- 추세대는 저항 가격이고 지지가격이다.
- 뚫은 추세대는 지지선이다.
- 이탈한 지지대는 저항선이다.

주가의 움직임은 일정한 규칙적인 흐름을 보인다는 것이 바로 차트분석법이고 이는 지난 주가의 움직임에서 일정한 법칙을 발견하고 그 법칙은 앞으로도 지속된다는 것에 그 의미를 부여하는 것이다.

우리가 과거의 역사를 공부해야 앞으로의 역사를 올바르게 써 나갈 수 있듯이, 주가 움직임의 과거 패턴을 알아야 향후 일어날 주가의 방향을 알고 미리 그 시점에 진입하고 후퇴하면서 수익을 극대화하고 손실을 최소화할 수 있는 것이다.

매매 타임이 중요한 이유는 매수나 매도를 결정할 때 특정 지점에서부터는 주가가 상승할 것으로 예상되면 매수를 하고 특정 시점부터는 주가가 하락할 것으로 예상될 때는 수익이 난 종목은 익절을 해서 수익을 챙겨 놓고, 손실 난 종목은 손절을 해서 손실 폭을 줄여야 하기 때문이다.

우리는 이 추세대를 추세터널이라고 부른다.

- 상승추세형을 공략하라.

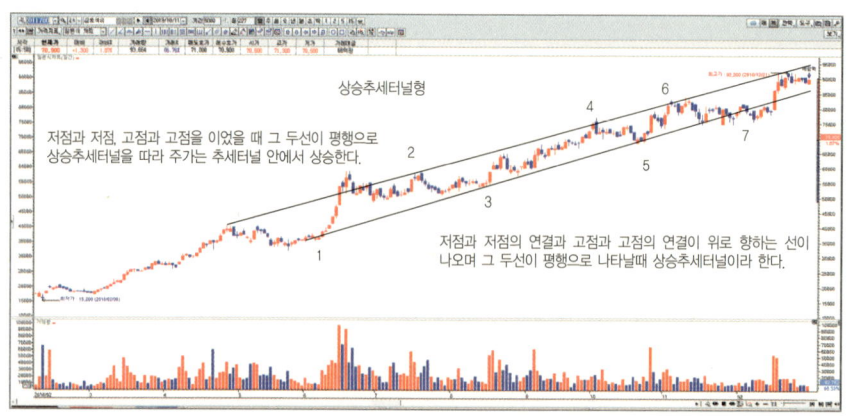

우리가 주식을 하는 목적은 수익을 내려는 것이다. 수익을 내기 위해서는 주가가 빠지는 종목보다는 주가가 지속적으로 상승하는 종목을 매수하는 것이 좋다.

이 말은 다시 말해 주가의 추세터널이 우상향하는 종목을 매매하는 것이 좋다는 얘기다.

항상 상승추세형 종목을 매매하라.

위 그림은 1, 3, 5, 7번 지점을 저점으로 잡으면서 주가가 지속적으로 2, 4, 6번까지 상승과 하락을 반복하고 있는 모습이다.

- 다중 바닥 패턴: 실패할 확률이 적은 패턴이다.

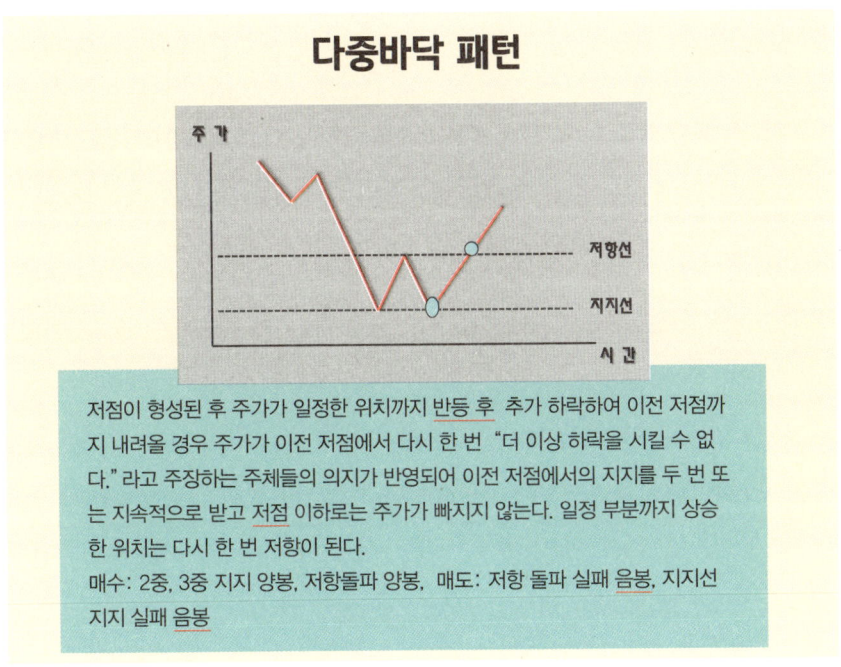

저점이 형성된 후 주가가 일정한 위치까지 반등 후 추가 하락하여 이전 저점까지 내려올 경우 주가가 이전 저점에서 다시 한 번 "더 이상 하락을 시킬 수 없다."라고 주장하는 주체들의 의지가 반영되어 이전 저점에서의 지지를 두 번 또는 지속적으로 받고 저점 이하로는 주가가 빠지지 않는다. 일정 부분까지 상승한 위치는 다시 한 번 저항이 된다.
매수: 2중, 3중 지지 양봉, 저항돌파 양봉, 매도: 저항 돌파 실패 음봉, 지지선 지지 실패 음봉

위 그림은 주가가 1번 바닥권을 형성하면서 어느 순간부터는 더 이상의 하락을 용납하지 않는 보이지 않는 누군가에 의해 주가는 반등하기 시작하며 다시 주가가 하락하더라도 1번 바닥권에서 반등시킨 후 다시 하락하더라도 2번 위치에서 다시 한 번 추가하락을 방어하는 힘이 승리하면서 이중바닥형패턴을 만들고 주가는 상승하는 패턴을 보이고 있다.

3번 위치에서도 지난 번 1, 2번과 같이 3, 4, 5번 삼중바닥을 완성하고 하향직각삼각형 모습을 완성하며 6번 하락추세 저항가격을 뚫어내면서 주가가 상승하는 모습을 보이고 있다.

– 삼중바닥패턴 : 승률이 높은 패턴이다.

1번 위치 역시 바닥권에서 매수세와 매도세의 치열한 공방 끝에 더 이상의 하락을 방어하는 매수세의 승리로 반등을 시작하고 2번, 3번 위치에서도 1번의 가격대는 지켜져야 한다는 힘에 의해 삼중바닥패턴을 만들며 주가는 상승하는 모습을 보이고 있다.

삼중바닥

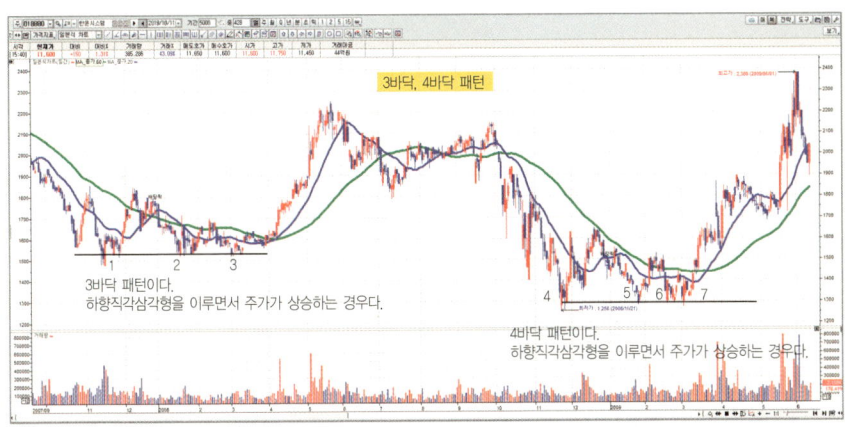

4, 5, 6, 7번 지점은 삼중바닥 패턴이 아니라 조금 더 바닥을 확인하는 시간을 거쳐 사중바닥확인패턴을 만들면서 주가가 상승하는 모습을 보이고 있다.

이러한 패턴은 다중바닥을 확인한 후 전부 하향직각삼각형패턴을 만들면서 주가가 상승하는 모습을 보인다.

- 다중고점패턴: 대박과 쪽박을 판가름하는 패턴이다.

삼중고점패턴은 삼중바닥패턴과는 정반대되는 상황이라고 보면 된다.
주가가 상승할 때 더 이상 상승하기 어렵다는 판단을 한 매수자에 의해 보유 물량을 정리하는 시기에 들어오는 구간에서부터 삼중고점은 시작되는 것이다.

다중고점 패턴

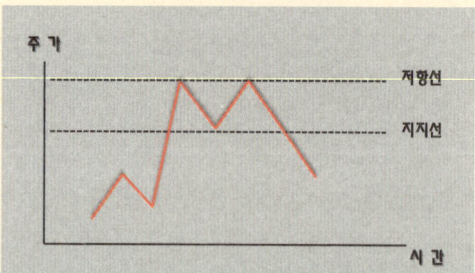

고점이 형성된 후 주가가 일정한 위치까지 하락한 후 재반등하여 추가상승을 시도하나 "고점 차익 실현"을 위한 매도 물량이 지속적으로 나오면서 직전 고점에서의 추가상승 실패가 두 번 또는 그 이상 진행되면서 주가는 하락한다. 일정 부분 하락 후 반등을 시작한 그 위치는 다시 한 번 지지선이 된다.
매수 : 저항돌파양봉, 저점 지지양봉, 매도: 2중, 3중 고점돌파 실패 음봉, 지지
　　　이탈 음봉

횡보형(삼중고점, 삼중바닥)

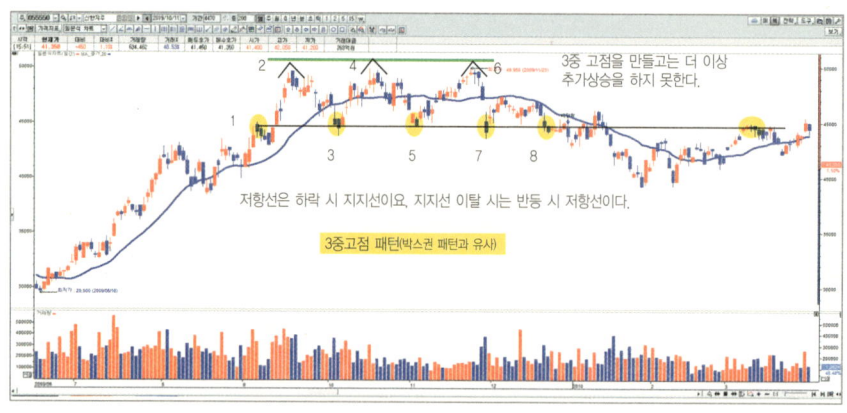

위 그림에서는 1번을 중심으로 1번 고점을 통과한 주가가 이제는 더 이상 상승하기 힘들다고 판단하거나 이제부터는 수익을 확보해야겠다고 판단한 매수자에 의해 매도세가 일어나지만(2번, 4번, 6번), 1번 고점을 통과하면서 지속적인 상승을 기대하는 매수자는 여전히 1번 고점이 무너지면 손실이 발생하기 때문에 어떡해서든 1번 고점 자리를 지키려고 하는 힘이 강화되면서(3, 5, 7, 8번) 다시 주가는 상승하고 4번 위치에서는 또다시 매도세의 힘과 충돌하며 하락을 계속해서 반복하는 모습을 보이며 주가는 8번 위치까지 박스권을 횡보하는 모습을 나타내면서 흘러왔다. 이제 8번을 무너뜨리면 주가는 하락으로 진행하게 되는데 여기서 매매 타임을 잡을 때 2번 위치는 일반 개인 투자자가 정확히 알기 어렵다. 하지만 3번 위치는 다시 한 번 반등을 기대할 수 있는 가격대가 되는데 이는 앞서 매매 포인트에서 언급하였듯이 추세선을 돌파한 가격대는 그곳이 바로 지지가격이 된다고 했다.

즉 1번 고점을 돌파한 주가는 조정을 받더라도 1번 위치의 주가가 바로 지지가격이 되기 때문에 3번 위치에서는 다시 한 번 주가가 상승하게 되는 것이다.

이렇게 1, 3번 위치는 계속해서 지지선 역할을 해주기 때문에 1, 3, 5, 7, 8번은 지지 가격선이 되는 것이고 2, 4, 6번 가격대는 저항가격선이 되는 것이다.

1~8번까지는 박스권 횡보 구간이라고 부른다.

- 박스권 돌파패턴: 큰 수익을 낼 수 있는 패턴이다.

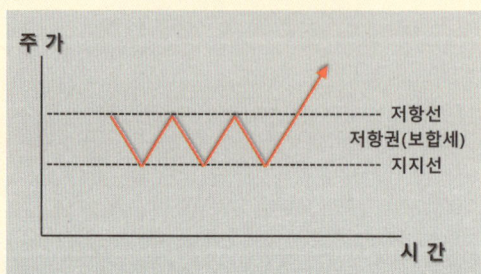

고점이 형성된 후 주가가 일정한 위치까지 하락한 후 재반등하나 이전 고점 형성 위치에서 "고점 차익 실현"을 위한 매도 물량이 지속적으로 나오면서 고점에서의 추가상승 실패가 일어난다. 또한 다시 한 번 주가는 하락하나 이번에는 이전 반등을 시작한 전저점 위치에서 저점매수세와 함께 추가반등이 일어나는 과정이 지속적으로 되풀이되면서 주가는 지루한 박스권을 형성하며 움직인다.

매수: 전저점 지지 양봉, 고점돌파양봉,   매도: 2중, 3중 돌파 실패 음봉,
전 저점 이탈 음봉

매수는 돌파한 위치부터 매수 타임이라고 했다.

돌파라는 것은 계속해서 저항을 받고 있는 가격대에서 매도자의 힘을 이겨내고 매수자의 힘이 주가를 상승시키는 시초가 된다.

그렇기 때문에 항상 우리는 매수 타임은 계속해서 저항을 받고 있는 매도세의 힘을 이겨내는 가격부터 매수에 들어가야 한다.

매수자는 매도자의 힘을 이겨내었기에 지속적인 상승을 기대하며 주가를 상승시키는 것이다.

우리 개인 투자자들은 이 점을 명심하고 항상 저항가격 즉 매도자의 힘을 이겨내고 매수자의 힘이 우위에 서는 그 가격대부터 매수 진입을 해야

한다.

물론 이 위치에서는 일시적으로 매수자의 힘이 우위에 있어 그 저항가격대를 돌파하고 갔다가 바로 하락으로 이어지는 속임수가 발생할 수도 있으며 이것을 휩소나 트랩 또는 속임수 신호라고 부르기도 하는데 이런 속임수 포착법은 다음에 다루도록 하겠다.

일단 우리는 돌파하는 그 가격대가 바로 매수의 적기이며, 바로 맥점가격이란 것만 인식하면서 아래 그림을 공부해보자.

박스권 돌파 패턴

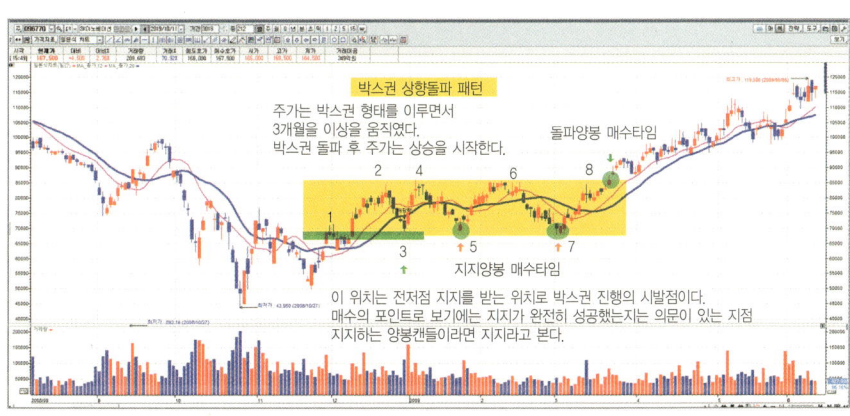

위 그림도 마찬가지로 1번 고점을 돌파한 주가는 2번 위치에서 조정을 받고 다시 전고점인 1번 위치인 3번에서 다시 지지를 받으며 횡보를 4개월 가량 계속해서 이어가는 모습을 보인다.

그러나 8번 위치에서는 본격적으로 2, 4, 6번 위치에서 더 이상 추가상승을 허락하지 않는 매도자들의 매도세를 이겨내고 2단 상승하는 위치로 바뀌면서 주가는 다시 한 번 상승 도약을 하게 되는 모습을 보인다.

- 박스권 이탈 패턴: 반등을 노려야 살 수 있다.

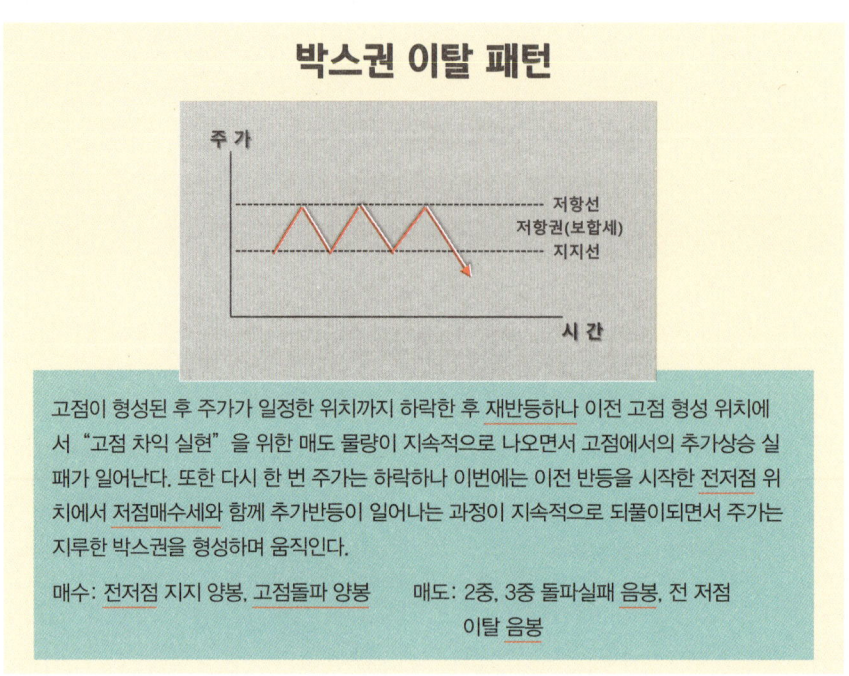

박스권 이탈 패턴

고점이 형성된 후 주가가 일정한 위치까지 하락한 후 재반등하나 이전 고점 형성 위치에서 "고점 차익 실현"을 위한 매도 물량이 지속적으로 나오면서 고점에서의 추가상승 실패가 일어난다. 또한 다시 한 번 주가는 하락하나 이번에는 이전 반등을 시작한 전저점 위치에서 저점매수세와 함께 추가반등이 일어나는 과정이 지속적으로 되풀이되면서 주가는 지루한 박스권을 형성하며 움직인다.

매수: 전저점 지지 양봉, 고점돌파 양봉   매도: 2중, 3중 돌파실패 음봉, 전 저점 이탈 음봉

박스권 이탈 패턴

위 그림은 1, 2, 3, 4번까지의 박스권 모습으로 주가는 약 5개월간 횡보하다가 4번 박스권을 이탈하면서 급락하기 시작한다.

지지받아야 할 가격이 깨지면 그때는 그 지지가격이 곧 저항가격이 된다고 했다.

이 종목은 4번 가격대가 무너지면서 급락한 후 다시 반등하지만 결국 다시 4번 위치에서 저항을 받고는 주가는 하락하면서 5번과 6번 위치에서 이중바닥을 만드는데 그때부터 반등하기 시작하는 모습으로 전개된다.

- 오버슈팅과 추세이탈: 신뢰성 테스트를 받아야 한다.

상승추세 돌파 후 눌림목
오버슈팅과 추세이탈

상승추세 돌파 후 눌림 지지

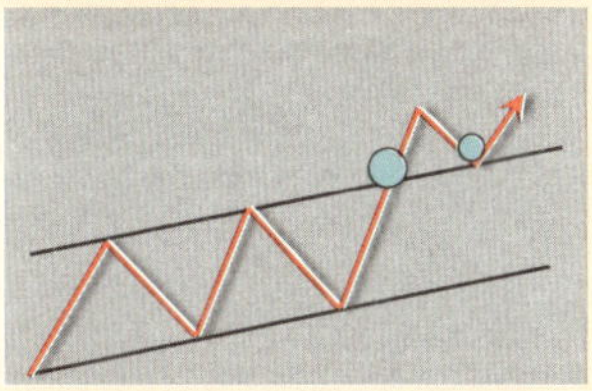

상승추세터널을 진행하다 주가가 고점 추세대를 돌파한 후 바로 가지 못하고 다시 한 번 추세의 지지를 확인한다.
고점저항대를 돌파 시 다시 한 번 지지를 확인할 때 돌파한 고점추세대가 지지 확인 시 지지선이 된다.
매수: 추세 돌파 양봉. 눌림목 고점 연결선 지지 양봉

상승추세 이탈 후 반등 저항

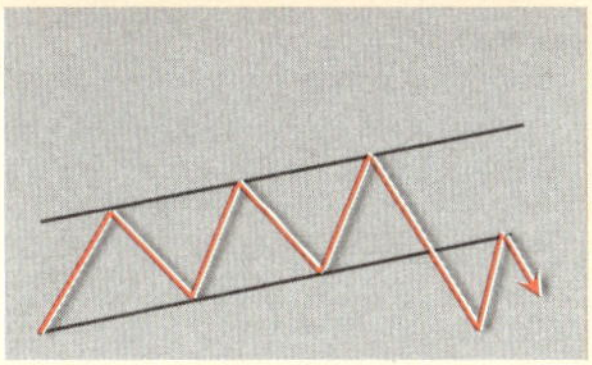

하락추세터널을 진행하다가 주가가 저점추세대를 이탈한 후 반등을 하더라도 다시 한 번 저점 연결 추세의 저항을 받는다.
저점지지선을 이탈 시 다시 한 번 저항을 확인할 때 이탈한 저점추세대가 반등 확인 시 저항선이 된다.
매도: 추세 이탈 음봉. 반등 시 저점 연결 추세 저항 음봉

오버슈팅이란 주가가 추세대를 따라 상승하다가 그 추세대를 완전히 넘겨버리는 것을 말한다.

즉 상승추세대에서는 추세대를 넘기는 오버슈팅에서 바로 매수 지점이 되는 것이고 조정을 받더라도 그 추세대를 연결하는 지점에서 바로 지지를 받는다는 것이다.

이 부분은 필자의 기준가 매매와는 조금 다른 매매 포인트이지만 일반적인 매매 원칙이다.

추세이탈이란 상승추세에서 상승하는 추세대의 하단지지를 받아야 하는데 이 하단지지를 받아 반등이 일어날 자리에서 반등이 나오지 못하고 그 상승추세대를 이탈하고 주가가 하락하는 경우를 추세이탈이라고 한다.

이 역시 반등이 오더라도 상승추세대의 하단 지지추세연결선 위치에서는 더 이상 상승하지 못하고 저항을 받아 하락하는 모습이 나온다.

- 상승추세 돌파 후 지지, 이탈 후 저항

상승추세 돌파 후 지지, 이탈 후 저항

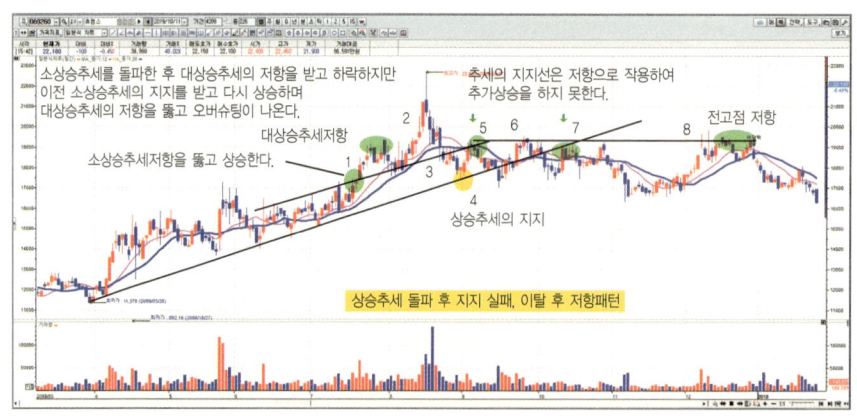

이 그림은 상승추세대의 종목이 추세를 돌파한 후 그 추세대의 지지를 받고 지지대를 이탈한 후 다시 지지대 저항을 받는 모습을 보이는 패턴이다.

이 종목은 1, 3, 5번의 추세대와 2번 추세대로 나누어서 봐야 한다.

1번 추세대를 돌파한 가격은 추세대 저항인 2번 추세대까지 상승하고 2번 추세대 저항을 돌파한 주가는 눌림목을 받더라도 2번 추세대에서 지지를 받아야 하지만 이 추세대 지지에 실패하고 3번 추세대의 지지도 실패하고 결국 큰 지지선을 만들어주는 4번 추세대의 지지를 받으면서 주가가 상승하지만 3번 추세대의 저항가격인 5번에서 다시 주가는 저항을 받아 하락하는 모습을 보이고 있다.

주가가 다시 반등하며 올라왔지만 결국 다시 한 번 5번 저항선에서 저항을 받으면서 5, 6, 7번에서 계속 삼중고점을 만드는 모습과 8번까지 다중고점패턴을 보인다.

- 확장형패턴: 몸조심해야 한다.

확장형패턴은 주가의 고점이 계속해서 높아지지만 저점 역시 계속 낮아지는 모습을 보인다. 이 패턴 역시 확장형 추세대를 돌파할 때가 매수 타임이 되며, 확장형 추세대가 이탈될 때가 매도 타임이 되는 것이다.

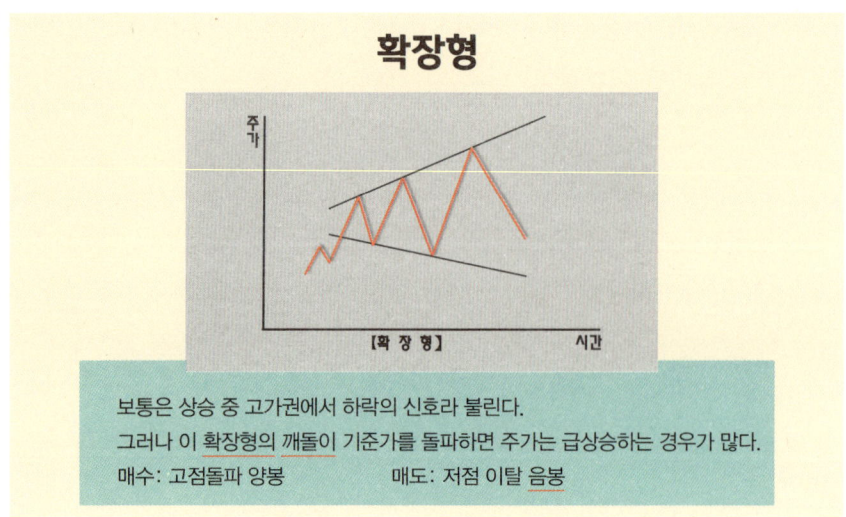

그림에서처럼 1, 3번 추세대는 가격이 점점 낮아지는 모습을 볼 수 있다. 또한 2, 4번은 계속 고점이 높아지는 모습을 보이고 있다.

5번 위치에서처럼 2, 4번 추세대를 돌파하는 모습을 보이는 위치가 바로 매수 타임이 되는 것이다.

눌림목을 살짝 받긴 하지만 역시 2, 4, 5번 추세대의 추세지지를 받으면서 주가가 지속적으로 상승하는 모습을 볼 수 있다.

-헤드앤숄더형: 오른쪽 어깨가 핵심이다.

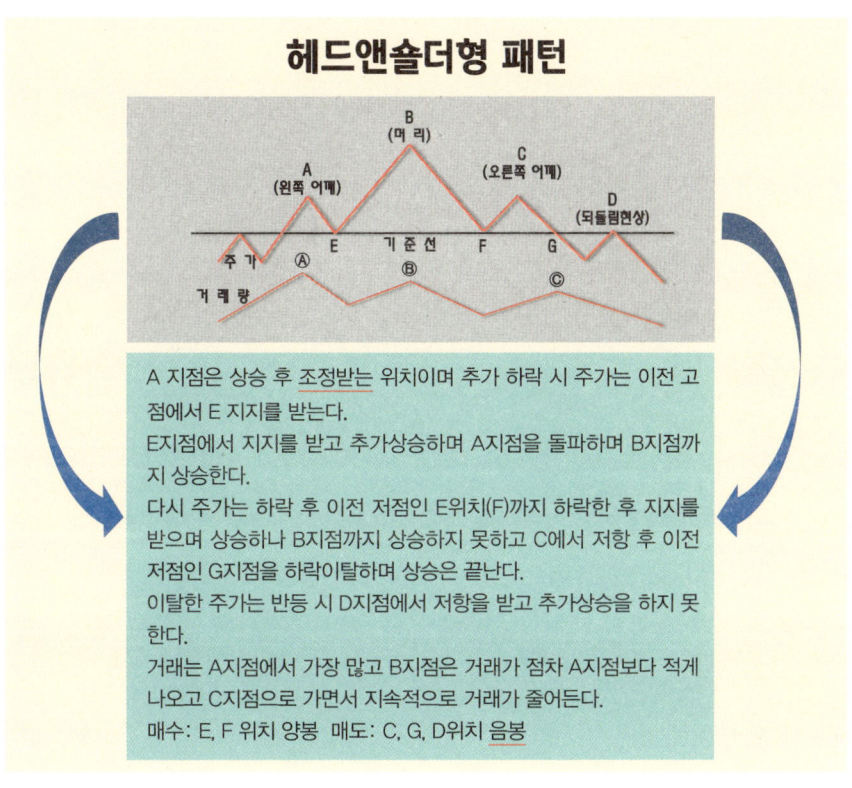

헤드앤 숄더형은 상승N자패턴 하나와 하락N자패턴 하나가 조합된 모습을 보여준다.

주가가 상승하는 중에 더 이상 상승하지 못하고 꼭지를 기준으로 다시

109

한 번 하락하는 모습인데 이는 일반적인 모습이 아니라 상승N자형과 하락 N자형을 합쳐놓은 모습이다.

꼭지를 기준으로 상승N자형이 그대로 대칭으로 나타나는 모습인 것이다.

헤드앤숄더 해설

그림에서는 P라인을 기준으로 정확히 대칭되는 모습을 볼 수 있다.

P점 이전의 고점인 1번과 2번 지지라인을 형성한 후 반등이 오지만 역시 1번 고점과 동일한 위치인 3번에서 더 이상 상승하지 못하고 주가는 아래쪽으로 하락하는 모습을 보이고 있다.

이 패턴의 특징은 시간이 지나면서 거래량이 줄어들며 주가는 하락세로 이어질 가능성이 크다는 것이지만 꼭 하락전환패턴이라고 부르지는 않는다.

- 역헤드앤숄더형: 변곡점 판단이 핵심이다.

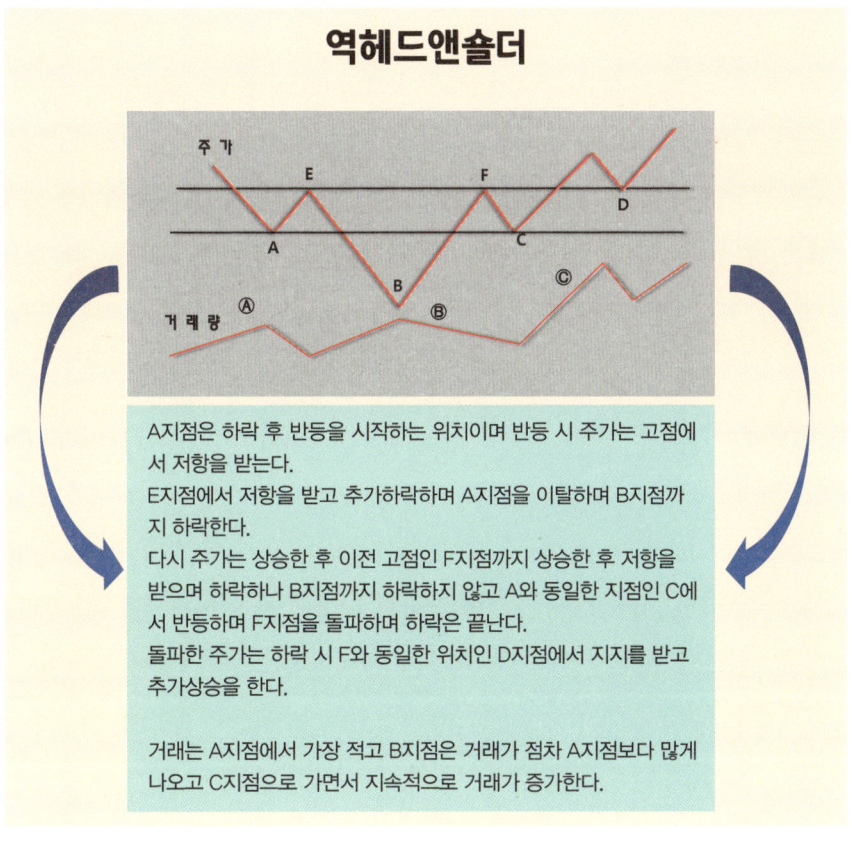

헤드앤숄더형과는 달리 이 패턴은 하락N자형패턴과 상승N자형패턴이 모여서 만들어지는 것으로 저점을 기준으로 정확히 대칭되면서 주가가 그려지는 패턴이다.

이 패턴은 시간이 지날수록 거래량이 증가하면서 주가가 상승세를 보일 가능성이 많은데 그렇다고 해서 상승전환패턴이라고 부르지는 않는다.

역헤드앤숄더 해설

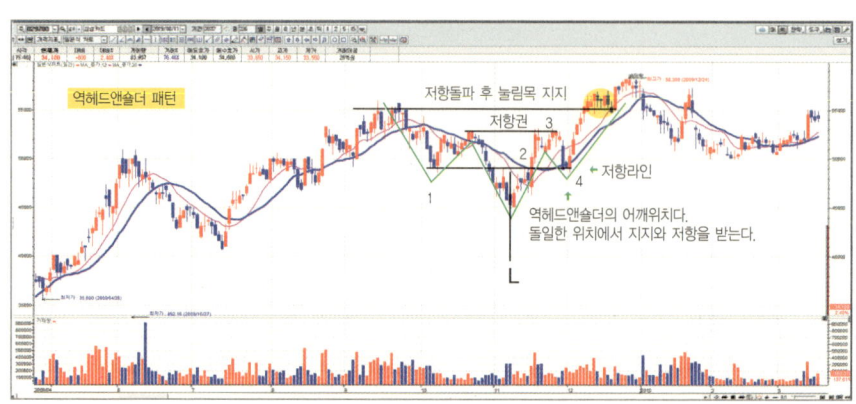

주가는 그림처럼 L점을 기점으로 하락N자형과 상승N자형이 완전 대칭되어 나타나는 패턴을 보이고 있다.

하락하는 주가가 L저점을 찍고 상승하지만 이전 고점인 3번 저항가격에서 저항을 받고 하락하지만 이전 저점인 1번 위치와 동일한 4번 가격대에서 지지를 받고 주가는 상승하는 모습을 보이고 있다.

- 원형천장형 : 사람을 피폐해지게 할 수 있다.

이 패턴은 주가의 대세하락패턴이라 할 수 있다.

서서히 대세상승하던 주가가 꼭지를 그리면서 다시 한 번 서서히 대세하락하는 모습을 나타내는 것인데 이의 특징은 주가가 상승할 때 거래량도 같이 증가하는 모습이 아니라 주가 상승 시 거래량은 계속 줄어드는 모습을 나타낸다는 것이다.

주가의 상승은 수요와 공급이라고 했다. 즉 주가가 상승하려면 매수세가 들어와야 하며 그 매수세의 양이 많으면 많을수록 주가는 상승하기 마련이고 거래량이라는 것은 매수세와 매도세의 교집합체다.

거래량이 증가해야 주가가 상승하는 법인데 이 원형천정형은 거래량이 감소하면서 주가가 상승하는 모습을 보이고 고점을 찍고 나서 서서히 주가가 하락하는 대세하락패턴이다.

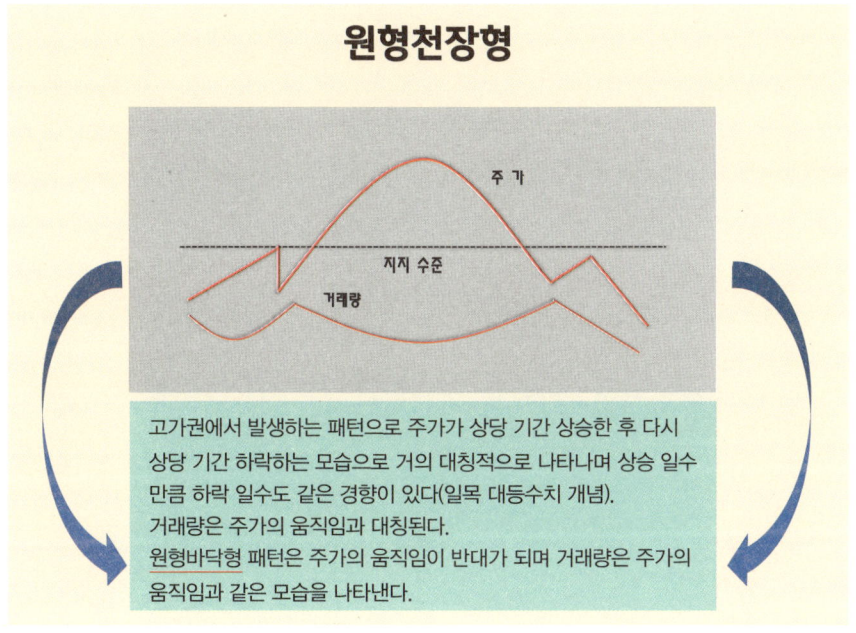

- 원형바닥형: 기다림이 답이다.

이 패턴은 주가가 하락하며 저점을 찍고 나서 주가가 서서히 상승하는 대세상승을 나타낸다.

원형천장형과 달리 주가가 하락할 때는 거래량이 감소하다가 주가가 상승하면서 거래량 역시 같이 상승하는 모습을 보인다는 것이 특징이다.

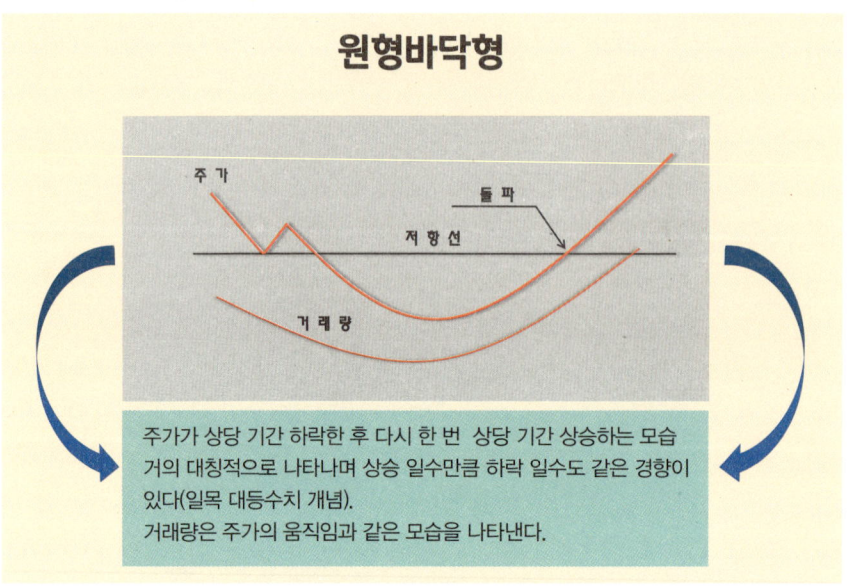

- 변형 원형천정형: 변칙도 존재한다.

변형 원형천장형 해설

이 그림을 자세히 살펴보면 앞서 박스권 패턴과 박스권 이탈패턴에서 본 그림이라는 것을 알 수 있다.

그리고 이중바닥도 적용되는 패턴이지만 2, 3번 바닥을 확인하고 주가가 상승하지만 거래량은 서서히 감소하는 모습을 나타내고 있다.

거래량과 주가의 모습을 공부하기에 좋은 모습이다.
거래량이라는 것은 차트를 짧게 하고 보면 절대로 한눈에 확인할 수 없다.
전체적인 거래량 추이를 봐야 하기 때문에 필자는 "차트를 볼 때 최소한 6개월 이상을 설정하고 봐야 한다"라고 말했으며 이 차트는 약 2년치를 설정했기 때문에 이러한 모습이 한눈에 보이는 것이다.
다시 한 번 명심하자.
차트 설정에서 기간은 최소한 6개월 이상은 두고 봐야 추세를 정확히 읽을 수 있다는 것을.

- 쐐기형패턴: 대칭선을 주목하라.

하락쐐기형패턴은 주가의 고점과 저점이 모두 낮아지면서 일정 순간이 되면 두 추세대가 만나는 패턴을 이야기하며 이러한 경우 매매 타임도 역시 추세대를 돌파할 때를 매수 타임으로, 추세대를 이탈할 때를 매도 타임으로 본다.

쐐기형

하락쐐기형

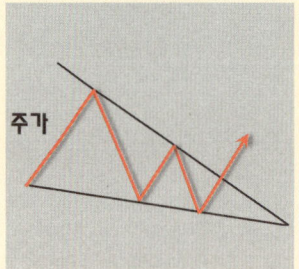

고점과 고점, 저점과 저점이 낮아진다.
우하향 쐐기형을 만들면서 진행된다.
고점과 고점 연결 저항대를 돌파 시 주가 상승 주로 상승반전의 신호(교과서적 해석)로 해석함. 중요한 건 지지와 저항이다.
매수: 고점 연결 저항 돌파 양봉.
       돌파 후 눌림 지지 양봉
매도: 저점 연결 지지 이탈 음봉
       이탈 후 반등 저항 음봉

상승쐐기형

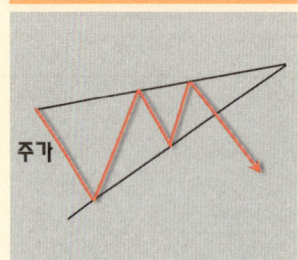

고점과 고점, 저점과 저점이 높아진다.
우상향 쐐기형을 만들면서 진행된다.
고점과 고점 연결 저항대를 돌파 시 주가 상승 주로 하락반전의 신호(교과서적 해석)로 해석함. 중요한 건 지지와 저항이다.
매수 : 고점 연결 저항 돌파 양봉.
       돌파 후 눌림 지지 양봉
매도 : 저점 연결 지지 이탈 음봉
       이탈 후 반등 저항 음봉

※ 상승쐐기형

상승쐐기형은 주가의 고점이 높아지고 또한 주가의 저점도 높아지는 모습을 보이는 패턴인데 이 역시 매매 타임은 모든 추세대와 같이 돌파 시 매수, 이탈 시 매도로 보고 대응한다.

상승쐐기형 해설

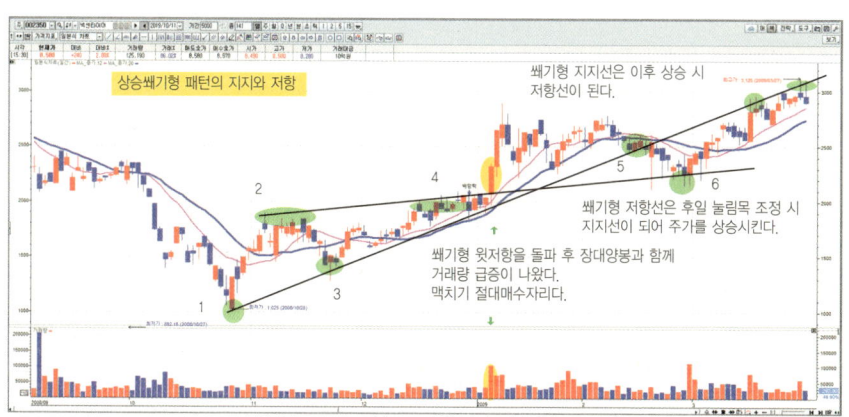

그림에서 보는 바와 같이 2, 4번 추세대는 고점을 높이면서 진행되는 모습이다. 또한 1, 3, 5 번 추세대는 저점을 높이면서 진행되는 모습을 보이고 있다.

이때 매수 타임은 상승쐐기형 저항을 돌파하는 지점이 되며 5번 추세대를 이탈하더라도 2, 4, 6번 추세대의 지지를 받으며 주가는 계속 상승하는 모습을 보이고 있다.

상승추세인 1, 3, 5번 추세대를 이미 한 번 이탈했기 때문에 그 라인이 다시 저항가격이 되며 주가가 단기 저항을 받는 모습을 볼 수 있다.

※ 하락쐐기형

하락쐐기형 해설

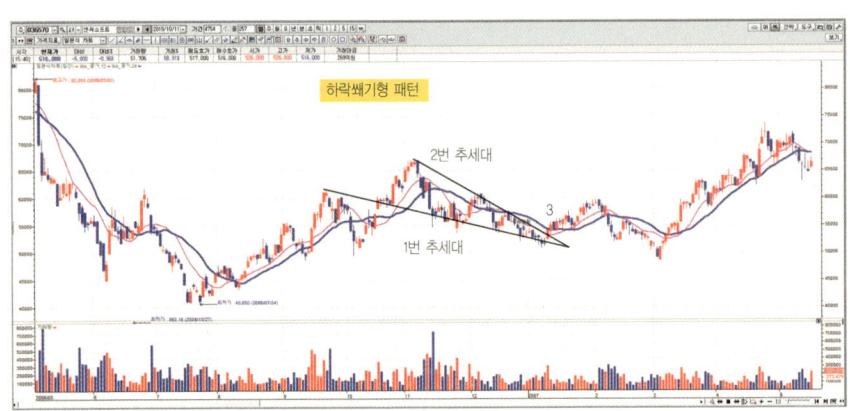

위 그림에서는 1번 추세대는 저점이 낮아지고 2번 추세대는 고점이 낮아지면서 시간이 지나 추세대가 서로 만나는 하락쐐기형 추세대의 모습을 보여준다.

3번 포인트가 이 추세대를 돌파하는 모습이 나오면서 매수 급소 포인트가 되는 것이다.

- 추세돌파와 언더슈팅 : 연장선을 살펴라.

앞에서 오버슈팅과 추세이탈을 살펴보았다.

오버슈팅은 상승추세 중 그 상승추세를 돌파하는 것을 오버슈팅이라고 하였고 상승추세 중 그 추세를 이탈하는 것을 추세이탈이라고 한다면 언더슈팅은 하락추세 중 추세를 이탈하는 것을 언더슈팅이라고 하고 하락추세

추세돌파 이탈 지지 저항 패턴
추세돌파와 언더슈팅

하락추세 돌파 후 눌림 지지

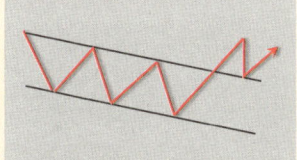

하락추세터널을 형성하던 주가가 하락터널의 고점 연결 저항대를 돌파한 후 바로 상승하는 경우와 추가지지력을 한 번 더 확인한 후 상승하는 경우의 두 가지가 있음.

매수 : 고점 연결 저항 돌파 양봉
　　　눌림목 고점 연결 지지선 지지 양봉

하락추세 이탈 후 반등 저항

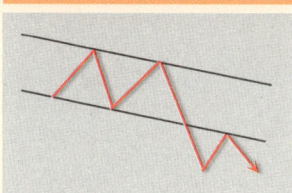

하락추세터널을 형성하던 주가가 하락터널의 저점 연결 지지선 이탈 후 바로 하락을 하는 경우와 추가 반등 저항을 한 번 더 확인한 후 하락하는 경우의 두 가지가 있음.

매도 : 저점 연결 지지 이탈 음봉
　　　반등 후 저점 연결 저항선 돌파 실패 음봉

중 추세를 돌파하는 것을 추세돌파라 한다.

　'언더슈팅과 오버슈팅의 정의에 대해서 무엇이 맞을까?'라는 부분은 해석의 여지가 있는데 필자의 경우 오버슈팅이란 상승 중 추세돌파를 오버슈팅이라고 보고 하락 중 추세이탈을 언더슈팅이라 부르는 것이 합당하다고 본다.
　상승추세 중 추세이탈은 그냥 추세이탈이며 하락추세 중 추세돌파는 그냥 추세돌파로 부르는 것이 더 합당하다고 보는데 이는 개인적인 명칭일 뿐 어떻게 부르는 것인지는 그리 중요하지 않다.
　이런 패턴에서는 어디서 매매 포인트를 잡고 대응하느냐가 중요한 것이다.

하락추세 돌파 이중바닥 지지 해설

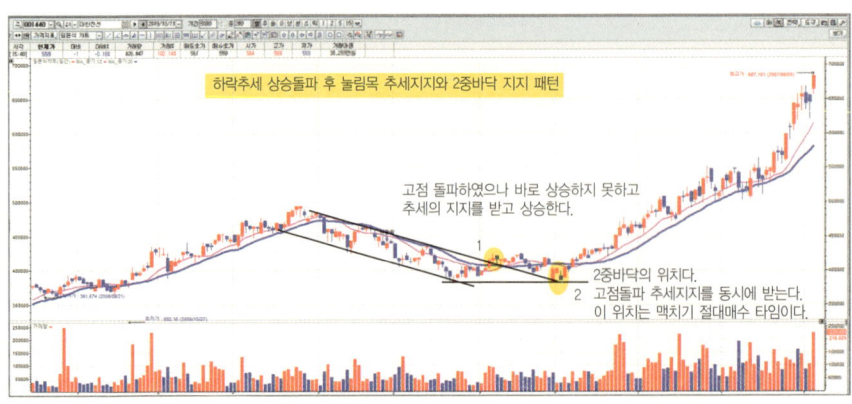

*하락추세 돌파 이중바닥 지지 해설

이 그림은 하락추세대의 주가가 1번 하락추세대 가격을 돌파하고 상승을 시도했지만 돌파 후 상승이 크게 나오지 않고 오히려 그 돌파 가격대를 깨고 하락하는 모습을 보이고 있지만 2번 위치인 하락추세대의 저항가격이었던 추세대의 지지를 받으며 그때부터 본격적으로 상승하는 모습을 보이고 있다.

* 하락추세 상승돌파, 지지 상승 해설

1번 돌파 매수 타임이 나오기는 하지만 역시 상승을 크게 하지 못하고 주가는 계속 하락하는 패턴을 보이고 있다.

그렇지만 지속적인 하락보다는 하락추세 지지선 2에서는 주가가 지지를 받고 잠시 반등이 왔다가 다시 하락하는 과정에서 하락추세 지지선 3번

하락추세 상승돌파, 지지, 상승 해설

위치에서 다시 지지를 받고 크게 반등하는 패턴으로 전개된다.

4번 위치에서도 마찬가지로 주가는 하락추세대 아래에서 움직이다가 하락추세 저항선인 4번 위치를 돌파하고 상승을 시도하였으나 역시 조금 밖에 상승하지 못하고 하락하면서 추세 지지선인 5번 위치에서 다시 한 번 지지를 받으며 반등한다. 그 후 다시 하락하는데 결국은 6번 위치에서 지지를 받으며 그때부터 주가는 본격적으로 상승하는 모습을 보이고 있다.

* 언더슈팅, 반등 저항, 추가하락

1번 위치는 하락추세가 진행되는 과정에서 하락추세대를 깨고 내려가는 포인트가 된다. 우리는 하락추세대에서 이곳을 이탈하고 내려갈 때를 언더슈팅이라고 했다.

이 언더슈팅이 나오고 주가는 지속적으로 하락하며 진행되다가 어느 순간에서부터 주가가 반등으로 이어지는데 이러한 반등은 하락추세대가 연결되는 2번 위치에서 저항을 받으며 더 이상 상승하지 못하고 다시 하락으로 이어진다.

언더슈팅, 반등저항, 추가하락 해설

- 삼각패턴: 빗변이 결정력을 갖는다.

삼각패턴의 모습도 결국은 추세대의 지지냐, 저항이냐, 돌파냐, 이탈이냐가 중요한 것이다.

패턴의 모습도 중요하지만 그 패턴의 지지선과 저항선을 어떻게 찾는가가 더 중요하다.

그림과 같이 추세선을 그려놓으면 누구나가 다 알 수가 있지만 실전 차트에는 이러한 추세선의 선이 나와 있지 않다.

결국 이러한 추세선은 본인이 직접 찾아서 그려낼줄 알아야 하는 것이며 이러한 추세선을 본인 스스로가 찾아낼 수가 있다면 매매 포인트를 찾는 것이 더는 어려운 일이 아니다.

결국 지속적인 연습과 반복된 훈련으로 추세선을 직접 찾아낼 줄 알아야 한다는 것이다.

이 삼각형패턴도 결국 다른 추세와 다를 것이 없다.

대칭삼각형패턴은 주가의 고점이 낮아지며 저점이 높아지는 모습으로 상승쐐기형과 진행되는 방향은 비슷하지만 추세선이 만나는 점을 중심으로 주가의 상승 시발점과 하락 시발점의 진폭이 같은 모습을 나타내는 패턴이다.

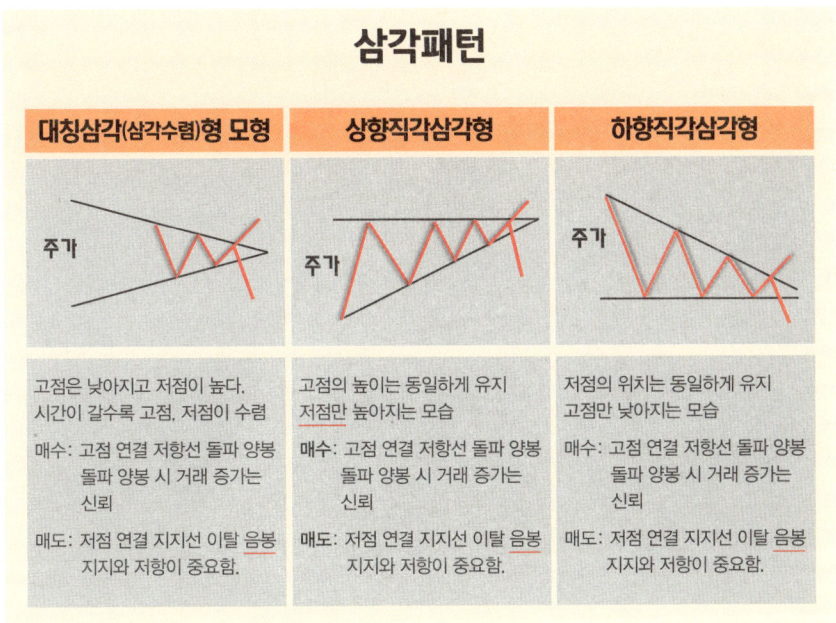

상향직각삼각형패턴은 고점은 일정하게 2, 3, 4중 고점을 나타내며 가격이 같지만 저점이 지속해서 높아지는 모습을 나타내는 모습이고 하향직각삼각형패턴은 저점의 가격대는 2, 3, 4중 저점으로 같으나 고점이 내려온다는 것이다.

상승할 때는 기준을 저점이 높아지는 것을 일반적으로 상승패턴이라고 부르고 고점이 낮아지는 패턴을 하락패턴이라고 부른다.

이는 상식적으로 상승의 폭보다 하락의 폭이 작아야 주가는 상승하는 것이고 하락의 폭이 작다는 것은 주가의 저점이 높아지는 것을 의미하기 때문에 상향직각삼각형패턴은 저점의 높이가 높아지는 패턴이 되는 것이고, 하락의 폭이 반등 폭보다 클 때를 하락이라고 부르며 이는 주가의 고점이 계속해서 낮아지는 모습이 나타나기 때문에 하향직각삼각형이란 고점이 계속해서 낮아지는 모습을 보이게 된다.

삼각수렴형 해설

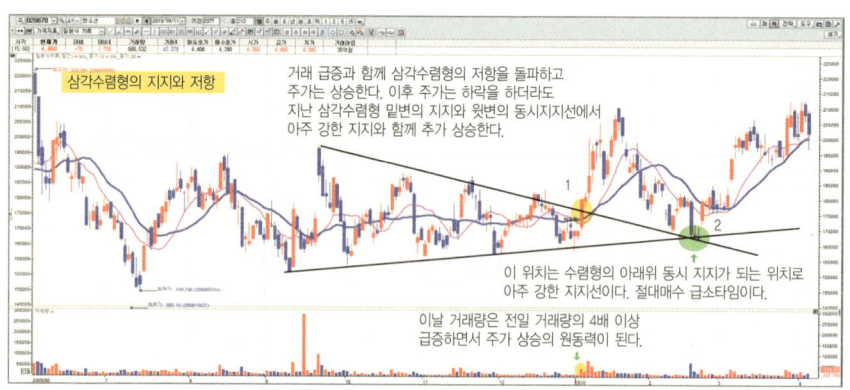

* 삼각수렴형 해설

주가의 고점은 하락하는 모습을 보이는 반면 저점이 상승하는 모습을 보이는 패턴이 삼각형패턴이다. 고점이 하락하는 과정에서 추세선을 돌파하는 1번 위치가 바로 매수 급소 타임이 되는 것이며 주가가 충분히 상승하고 다시 하락조정이 오지만 하락추세선의 연장선인 2번 위치에서 반등을 한다.

또한 2번 위치는 하락추세의 연장선이기도 하지만 상승추세의 연장선이기도 하기 때문에 다른 추세선보다 더욱더 강한 추세지지를 만들어 낸다고 봐야한다. 이런 위치는 강력한 지지선이 된다.

만약 여기서 지지를 받지 못하고 하락하게 된다면 강력한 지지라인이 무너져 버렸기 때문에 주가는 순식간에 크게 급락할 수 있다는 것을 알고 매매를 하자.

※ 상향직각삼각형과 추세동시지지 해설

상향직각삼각형과 추세동시지지 해설

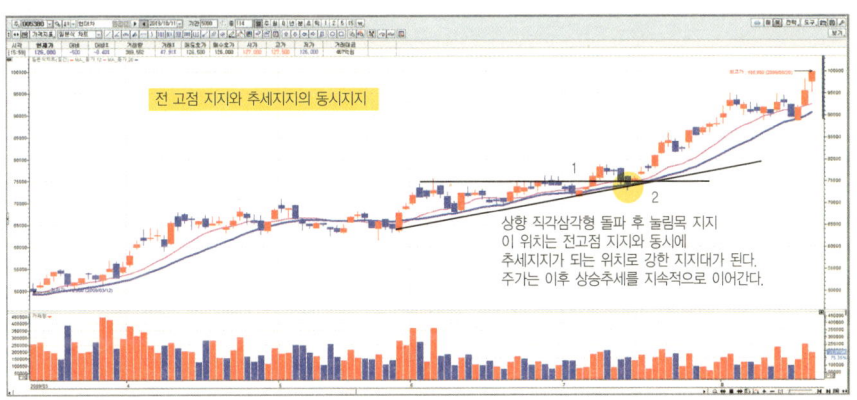

그림의 1번 추세선은 고점이 동일하고 저점이 높아지는 상향직각삼각형패턴의 모습을 보여주고 있다.

1번 고점을 넘기고 조정을 받지만 직전 고점의 위치에서의 지지와 동시에 상승추세의 지지선이 겹치는 2번 위치에서 지지를 받고 상승하는 모습이다.

이처럼 추세의 지지를 동시에 받는 위치에서는 아주 강한 지지가 나오며 그때부터 주가는 강하게 상승하는 모습을 보이고 있다.

※ **하향직각삼각형 해설**

하향직각삼각형 해설

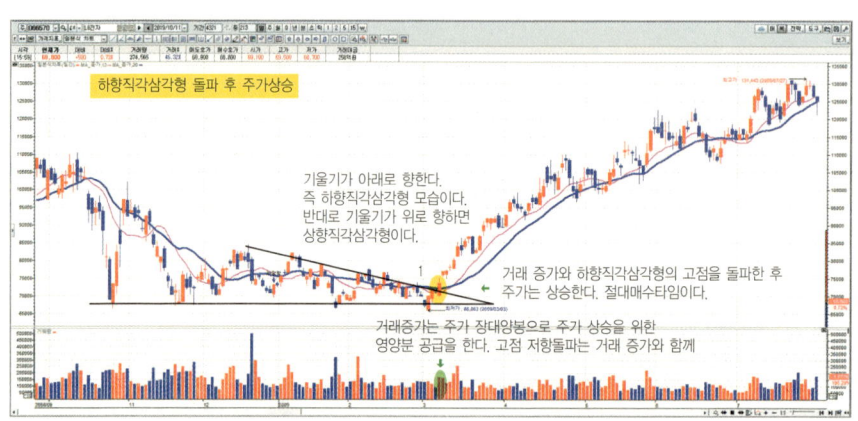

그림은 하향직각 삼각형 모습의 패턴을 그리며 상승하는 모습을 나타내고 있는데 1번 위치가 바로 하향직각 삼각형의 저항라인을 돌파하고 상승을 시도하는 위치다.

이 위치가 바로 매수의 급소 포인트가 되는 것이다.

- 추세와 추세 터널의 변화: 추세는 변칙의 왕이다.

1번 추세선은 상승하는 추세선이다. 주가는 1번 상승추세선을 돌파하고 본격적으로 상승하다가 3번 위치에서 조정을 받기 시작한다.

3번 위치에서 조정된 주가는 1번 추세선의 연장선인 2번 지지선에서 정

추세와 추세터널의 변화 해설

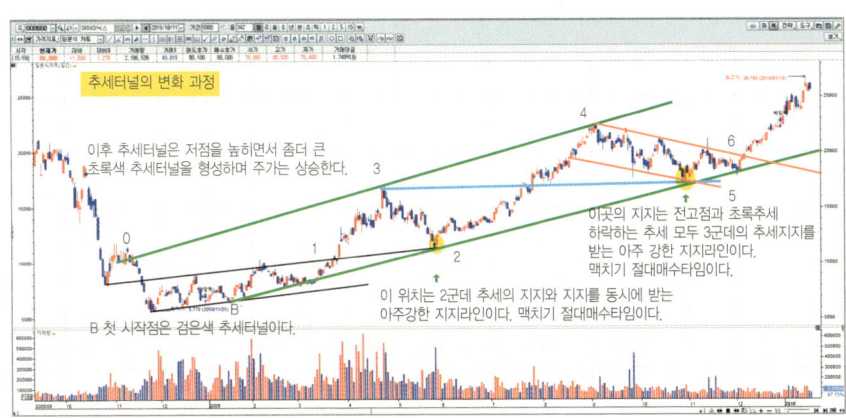

확하게 지지를 받고 상승하는 모습을 보이면서 3번 고점도 돌파하고 상승하는 모습을 보인다.

0, 3번 추세선의 연장선인 4번 지점까지 상승한 주가는 조정을 받고 하락하지만 직전 고점인 3번 위치와 동일한 5번과 B, 2, 5번의 추세선을 동시에 지지받으며 주가는 계속 상승하는 모습을 보이고 있다.

이렇게 주가의 움직임이 어느 하나의 주가터널로만 가는 것이 아니라 계속해서 주가의 변화와 함께 주가터널도 변화가 생기면서 추세의 변화도 일정하지 않게 지속적으로 바뀌면서 진행되는 것이 바로 실전 주가차트다.

이러한 주가터널의 변화와 추세 변화를 계속해서 추적하면서 변화에 맞는 매매 타임을 적절하게 짚어내는 것이 실전 매매의 핵심이다.

주가 터널과 추세의 형성 과정에서 주가가 우리에게 변화와 속임을 주는 것이 실전매매의 특징이므로 여러 가지 추세의 변화를 다양하게 공부하고 완전히 내 것으로 만들어야지만 우린 이 험난한 주식 투자의 세계에서 살아남을 수가 있는 것이다.

이 차트에서는 속임수가 굉장히 많이 난무하는 것이 사실이다.

언제나 정직하게만 차트가 그려지는 것이 아니기 때문에 세력은 일반 개인들의 물량을 털어먹기 위해 추세를 일정하게 그려나가면서 주가를 콘트롤하기도 하지만 항상 변곡점 부분에서 개인들을 속이는 현상을 아주 많이 만들어낸다.

우리는 이 속임수 구분법을 잘 파악해야 하기 때문에 이러한 속임수 구별법을 꼭 파악하고 습득해야 한다.

이러한 속임수를 우리는 다음과 같이 여러 가지 명칭으로 부른다. 신호의 실패, WHIPSAW, TRAP의 발생, FAKE 발생. 이렇게 명칭과 표현은 모두 다르지만 결국은 정상적으로 지지와 저항이 일어나야 할 위치에서 그렇게 못하고 거짓된 신호가 나온다는 의미에서 모두 동일한 뜻이라고 생각한다. 이것을 피하는 방법은 나중에 다시 다루도록 하겠다.

중요한 것은 추세의 변화는 항상 같은 추세만을 그리는 것이 아니라 지속적인 추세 변화가 일어나기 때문에 그 추세의 변화를 잘 파악하면서 매매해야 한다는 사실만 꼭 명심하도록 하자.

* 저항돌파 후 본격적 상승

이 그림은 1번 하락추세 터널을 돌파한 주가는 2번 위치에서는 상향직각삼각형패턴을 만들고 2번 고점을 돌파한 후 3번 고점까지 간 후 다시 한번 4, 5번 상승추세터널을 만들면서 주가가 상승하는 모습을 보이고 있다.

4번 주가는 3, 4번 추세 터널을 이탈한 모습을 나타내고 있으며 반등이

저항돌파 후 본격적 상승 해설

오더라도 5번 위치인 4번 추세선의 연장선에서 추가상승하지 못하고 주가는 저항을 받아 다시 하락하는 모습을 나타낸다.

* **다양한 추세터널의 변화**

다양한 추세터널의 변화 해설

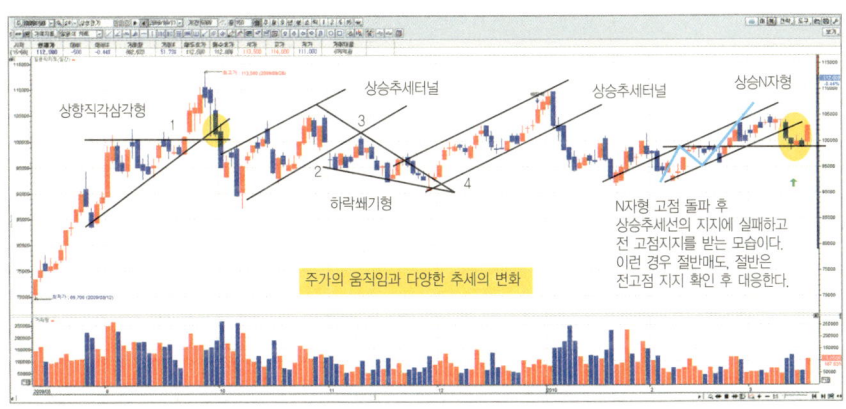

129

1번 위치는 상향직각삼각형 모습을 나타내며 주가가 움직이지만 1번 위치를 넘기면서 주가는 상승하였다.

하지만 조정 시 상향직각삼각형의 고점인 1번 위치에서의 지지를 받지 못하고 하락하고 반등을 하는 모습을 보이고 있다.

여기서 추후에 배울 진폭매매에 의한 저점을 잡고 다시 짧게 상승추세 터널을 그리면서 상승하다가 2번 추세선과 3, 4번 추세선을 그리는 하락쐐기형패턴을 만들면서 주가가 하락하지만 이중바닥을 다시 만들면서 4번 상승추세터널을 만들고 주가는 다시 상승하는 모습을 보인다.

오른쪽 하늘색 N자형패턴으로 다시 상승하는 모습을 보이고 있다.

하늘색 N자형패턴 부분에서 우리가 다시 한 번 눈여겨 볼 것은 상승추세라인을 이탈하더라도 직전 고점 위치에서 지지를 받는 모습이 나오는 부분이다. 우리는 이미 위에서 여러 가지 중요한 추세 매매 포인트에 대해서 충분히 공부했다. 그렇기 때문에 이제는 이러한 복합적인 추세 핵심 포인트가 쉽게 눈에 들어와야 하며 이런 복합적인 추세가 형성되는 부분에서의 매매 포인트도 실수 없이 잘 포착할 수 있으리라 확신한다.

이 그림의 오른쪽 상승N자형패턴은 상승추세 분할매수에도 적용되는 그림이다.

- 이중추세: 가장 핵심이다. 이걸 모르면 추세매매를 헛배운 것이다.

이 책에서 가장 중요한 부분, 즉 엑기스다.

이 장의 모든 내용만 확실하게 자기 것으로 만들면 성공한 것이다.

일반적으로 많은 사람이 추세대를 개별적으로 익히다 보니 그 개별 추세 하나하나의 추세대에 매몰되어 아주 중대한 실수를 하는 사람이 매우 많다.

우리는 앞에서 고점돌파패턴(2중 또는 3중 고점)은 돌파하는 고점이 곧 지지선이 된다고 배웠다.

이것을 너무 중요하게 생각하고 이것만을 머리에 담아두다가 놓치는 경우가 바로 이런 패턴이다.

오로지 이 고점 돌파의 중요성이 너무 강조되다 보니 이 고점을 이탈하면 바로 매도한다는 생각에 사로잡혀 고점을 이탈할 때 바로 매도해 버리는 우를 많이 범하는데 아래 그림을 자세히 보면 고점에서 이탈되더라도 바로 뒤따라 오는 추세의 지지선이 형성되는 것을 볼 수 있다.

이 모습은 실전에서 정말 많이 나오는 패턴인데 많은 사람이 이 지지선을 망각하고 고점 이탈시 바로 매도하는 실수를 범할 때가 많은데 추세의 2차 지지선도 같이 생각하면서 매매하는 습관을 가지도록 하자.

이런 실전패턴은 아마도 다른 어떤 책에도 나와 있지 않은, 정말 간단하면서도 중요한 실전 차트다.

또한 필자는 역으로 추세대에서 지지를 받지 못하고 이탈하는 경우에도 바로 매도를 해버리는 경우가 너무나도 많다는 사실을 수많은 교육과 방송을 통해서 봐왔다.

이러한 패턴역시 상승추세대에서 이탈을 하더라도 바로 근거리에 직전 고점을 돌파한 고점지지 가격대가 형성되는 종목은 함부로 전량 매도로 대응하는 것이 아니라 고점지지선도 함께 비교하면서 매도를 검토해야 한다.

다시 한 번 말하지만 이 패턴은 무척 쉽고 간단하게 지지와 저항을 구분하는 법인데도 많은 사람이 실전에서 소홀히 하기 쉽기 때문에 정말 유념

해서 익혀 두어야 할 패턴이고 이 책에서 가장 중요한 부분이다.

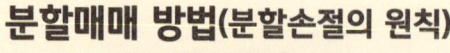

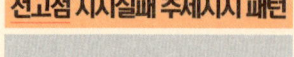

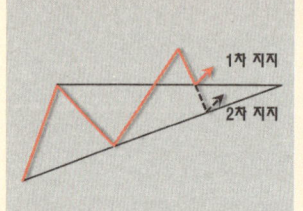

전고점돌파 주가는 전고점이 지지선이다.
전고점을 돌파한 후 전고점이 깨어지면 손절 원칙
그러나 고점이 깨어져도 상승 중인 추세대가 있다면
그 상승추세대까지 보유한다.
장점은 불필요한 손절을 막을 수 있다는 것이며, 단점은
상승추세대 이탈 시 손실 폭이 커진다는 것이다.
〈매매 방법〉- 아래와 같이 매매대응하세요.
1차 : 고점 이탈(비중축소가격) 시 비중 축소
2차 : 손절가 조금 위 가격 추가매수, 손절가 이탈 시
      손절전략

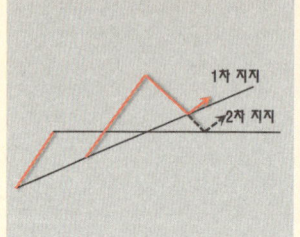

추세대가 상승이면 추세대 저점이 지지선이다.
추세대 이탈 시에는 매도하는 게 원칙이다.
하지만 추세대를 이탈해도 전고점의 지지가 바로
근처라면 전고점까지 보유한다.
장점은 불필요한 손절을 막을 수 있다는 것이며,
단점은 전고점 이탈 시 손실 폭이 커진다는 것이다.
〈매매 방법〉- 아래와 같이 매매대응하세요.
1차 : 추세대 저점 이탈 시 절반 매도,
2차 : 전고점 이탈 시 전량 매도, 지지 시 추가매수

*상승추세 분할매매

　3, 4번을 연결하는 추세선은 3번 고점을 돌파한 후 4번 위치에서 직전 고점 지지를 받아야 한다. 하지만 4번 위치에서 지지 실패를 하는 모습을 보이고 있다. 일반적으로 개인들의 경우 직전 고점 돌파는 그 직전 고점이 바로 지지선이 되기 때문에 이 직전 고점을 이탈하게 되면 그때부터 지지

상승추세 분할매매 해설

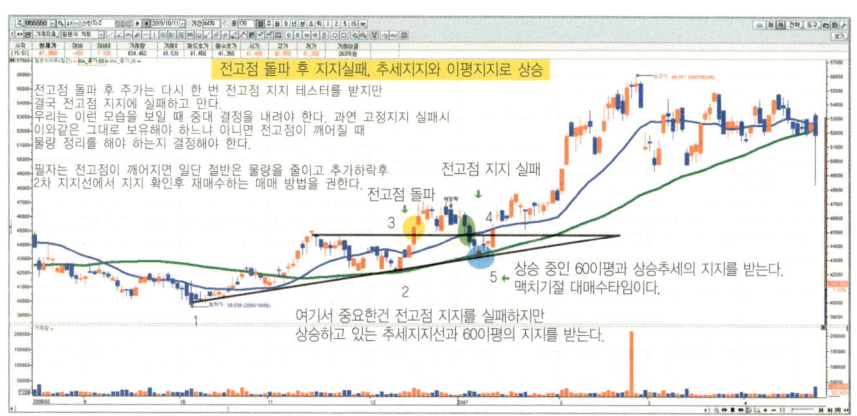

선 이탈이라고 생각하고 바로 매도해 버리는 실수를 범하는 경우가 매우 많다.

하지만 이 직전 고점을 이탈하더라도 1, 2, 5번 지지선이 강하게 올라오며 이 선이 지지선 역할을 해줄 수 있기 때문에 직전 고점을 이탈했다 하더라도 5번 위치에서 주가가 지지를 받으며 상승하는 모습을 볼 수 있다.

이렇게 직전 고점을 이탈하더라도 추세의 지지선이 강하게 올라오는 경우에는 무조건 매도 대응을 할 것이 아니라 추세의 지지선까지도 생각하며 매매해야 한다는 것을 반드시 명심하도록 하자.

* 고점 돌파 추세저항 패턴 : 신고가+거래량 급증=매수 타임?
쪽박 차지 않으면 다행이다.

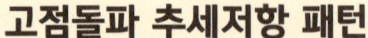

고점돌파 추세저항 패턴

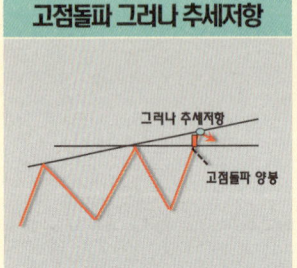

고점돌파 그러나 추세저항

보통 사람들은 고점돌파를 하면 돌파형 매수로 생각을 하고 매수를 하는 경향이 많다.
그러나 이는 정말 어리석은 매매 방법이다.
고점을 돌파할지라도 큰 흐름을 보지 못하고 추세의 저항선을 알지 못한다면 최고점에서 매수해서 꼭지에서 물려 낭패를 보는 경우가 너무나 많다. 고점돌파 후 추세저항을 관찰하자.
〈매매 방법〉 - 아래와 같이 매매대응하세요.
1차 : 고점돌파 시 거래량 관찰 후 입질매수
2차 : 추세저항도 돌파 시 본격적 매수 시작.

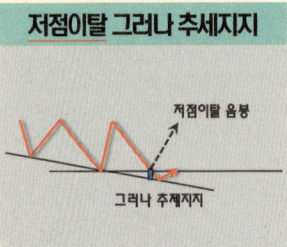

저점이탈 그러나 추세지지

저점을 이탈하면 바로 손절 하는 사람이 많다.
그러나 이는 추세의 지지를 감지하지 못해서 최저점에서 손절해서 정신 건강을 해치는 경우가 많다. 최저점 손절을 한 후 주가가 다시 상승하면 그것만큼 속 상한 일도 없다 꼭 추세의 지지를 생각하자.
〈매매 방법〉 - 아래와 같이 매매 대응 하세요
1차: 저점 이탈 시 일부 손절
2차: 추세 지지 양봉 재매수, 추세이탈 시 전량 손절.

―고점 돌파 추세저항 패턴은 위에서 공부한 상승추세 분할매매와 매우 흡사한 유형이다.

일반적으로 많은 개인 투자자가 고점 돌파 패턴이라고 하면 무조건 매수 급소라고 생각하고 앞뒤 분간 없이 '고점 돌파 패턴이니 매수해야지'라고 하는데 이는 굉장히 위험한 발상이다.

이 고점 돌파패턴은 정말 많은 수익을 주기도 하지만 잘못하면 최고점에 물려서 꼼짝달싹을 하지 못하는 참사를 불러일으키기도 한다.

그렇기 때문에 이 고점 돌파 패턴을 매수할 때는 여러 가지 변수를 생각해야 한다.

고점 돌파 패턴에서 매수를 할 때는 무조건 차트만 볼 것이 아니라 여러 가지 보조 지표라든지, 산업 동향이라든지, 거래량이라든지 많은 참고 지표가 필요하다.

많은 사람이 이 고점 돌파 패턴을 이야기하거나 받아들일 때 신고가라든지 52주 신고가, 고점 돌파 매수 급소 등과 같은 아름다운 수식어를 사용하며 환호하는데 이 패턴이야 말로 고수익을 실현함과 동시에 잘못하면 꼭지에 물려 손실을 크게 준다는 사실을 다시 한 번 명심하자.

아마도 여러분들은 고점 돌파에서 매수했다가 꼭지에 물려 큰 손실을 봤다는 사람의 이야기를 증권 전문가나 방송 사이트 등에서 접해 보지 못했을 것이다.

전부 고점 돌파 신고가로 크게 수익 난 이야기만 들었을 것이다.

그러나 필자는 이 패턴에서 쪽박찬 사람들을 정말 많이 봐왔고 이 지점에서 고점 돌파라고 입에 거품 물고 강력 매수 추천했다가 자신이 관리하는 회원들을 쪽박차게 하는 얼치기 전문가들을 한두 명 본 게 아니다.

이제부터 가장 기본적인 것만 알아보고 가도록 하자.

많은 고점 돌파 종목 중에 고점을 돌파하는 것도 맞고 거래량도 충분한 것도 맞지만 여기에도 분명한 속임수가 있다.

그 속임수들 중 가장 쉽게 발견할 수 있는 방법은 바로 추세의 저항을 받는지, 받지 않는지를 구분하는 것이다.

고점 돌파를 하더라도 추세의 저항을 받는 위치에서의 매수는 절대 하지 말아야 한다.

이 부분 역시 이 책에서 가장 중요한 몇 가지 핵심 포인트에 들어간다는 사실을 다시 한 번 명심해야 한다.

고점 돌파 패턴이라도 추세저항이 있는 종목들이 실전에서 엄청나게 많이 나온다.
진정한 고점 돌파 매수 타임이 나오는 종목만 공략해야 한다.
고점 돌파 추세저항을 잘 명심하면서 이 부분을 공부하자.

저점이탈도 마찬가지다. 저점을 이탈하더라도 추세의 지지를 받는 패턴이 나온다면 저점을 이탈했다고 무조건 전량 매도하지 말고 추세의 지지를 받는 포인트도 같이 생각하면서 매매를 하여야 한다.
다시 한 번 말하지만 신고가 종목은 그 종목이 신고가가 날 수밖에 없는 이유가 분명해야 하고 그 업종에 속해 있는 종목이어야 하며 추세의 저항도 고려해야 하고 또 각종 보조 지표를 사용해서 이 종목의 신고가가 계속해서 상승할 수 있는 몇 가지 요인이 더 뒷받침 되어주어야 한다.
어설프게 증권 서적에 거래량 터지면서 신고가 나는 차트 하나 올려 놓고 '신고가 발생 지점에서 거래량이 급증을 하는 모습을 보이면서 주가는 엄청난 상승을 하고 있다'라는 말과 함께 신고가 + 거래 급증 = 주가 급등이니 하는 공식을 설명하는 위험한 매매신호법에 절대 현혹되지 말기를 바란다.
신고가는 대박을 터트리기보다 쪽박차는 경우가 훨씬 많다는 것을 꼭 명심하자.
여러분들이 신고가+거래량이 급증하는 차트를 찾아서 직접 비교해보라.
과연 몇 %의 신뢰성이 있는지…. "선무당은 사람을 잡는다."라는 말을 가슴으로 느껴야 한다.

- 삼성전기의 신고가 탄생 비화를 보고 가슴으로 느껴보자.

다음 그림은 삼성전기의 신고가 매수 급소 타임이 나온 모습이다.

우리는 삼성전기의 매수 급소 타임이 왜 여기이며 삼성전기가 여기서 신고가가 나오는 요인과 매수를 꼭 해야 하는 이유를 확실하게 알고 매수에 들어가야 한다.

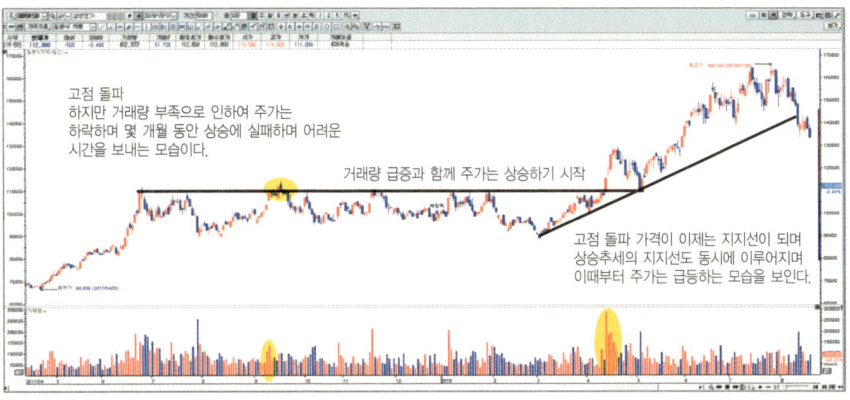

삼성전기는 이날 그동안 수개월 동안 갇혀 있던 박스권을 드디어 돌파하며 상승하기 시작했다.

하지만 이 종목은 지난 번에도 고점을 돌파하였지만 상승에 실패하고 속임수에 걸려 몇 개월 동안 고생하는 모습이 나왔다.

지난 번 고점 돌파는 일단 가장 기본적으로 거래량이 부족했기 때문에 캔들상 고점 돌파는 신뢰성이 상당히 많이 떨어지는 상태였다.

고점 돌파 시 매수세에서는 여러 가지 보조 지표를 참고해서 매수해야지 그렇지 않고 차트의 고점 돌파 상황만을 보며 매수해서는 절대 안 된다.

삼성전기는 카메라 모듈과 반도체 패키지 기판을 만드는 회사다.

이 회사의 제조 품목 중에 MLCC가 있는데 이를 적층세라믹콘덴서라고 한다.

이 종목은 MLCC 기대감으로 인하여 신고가가 나오며 강하게 상승하였다.

그럼 일단 MLCC(Multi Layer Ceramic Condencer)에서 의미하는 콘덴서가 무엇인지를 알아야 한다.

콘덴서라는 것은 다른 말로 capacitor라고도 하는데 이것의 역할이 무엇인지를 아는 것이 가장 중요하다.

콘덴서는 직류를 잡고 교류를 보내는 역할을 한다.

여기서 직류는 무엇이고 교류는 무엇인지를 먼저 알아야 이 콘덴서가 하는 일에 대해 개념이 잡힐 것이다.

직류가 뭔지 교류가 무엇인지를 모르는 상태에서 콘덴서의 역할을 아무리 이야기해봤자 아무소용없는 일이 되는 것이며 콘덴서가 무엇인지를 모르면서 MLCC에 대해 말하는 것은 문제가 있는 것이다.

직류와 교류는 전기에 관련된 용어라는 것을 모두가 알 것이다.

전기와 관련하여 전하를 논하고 전류나 전압의 특성과 의미를 논하면 지극히 어려워지고 재미도 없게 되니까 간단하게 이해하고 넘어가도록 하자.

일반적으로 사용하는 전기는 크게 직류전기(DC)와 교류전기(AC)로 구분되는데 직류전기는 말 그대로 직진 성질을 가지고 있다고 이해하자.

즉 이 직류는 흐르는 방향이 한쪽 방향으로만 흐르는 성질을 가지고 있으며 교류는 흐르는 방향이 주기적으로 바뀌는 전기를 말한다.

보통 발전소에서 집으로 바로 보내는 전기는 교류로 가정에서는 주로 교류를 사용한다.

교류는 직류에 비해 더 높은 힘(전압)으로 더 멀리까지 보낼 수 있고 전기 손실을 줄일 수 있는 특성이 있어 발전소에서는 교류를 가정으로 보낸다.

가정에서 사용하는 가전제품들 중에 세탁기 냉장고, 선풍기, 헤어드라이기 등은 교류를 사용하고 PC 등과 같이 전류의 안정성이 필요한 제품 등은 교류를 직류로 바꾸어 주는 부품이 장착되어 있어 최종적으로는 직류를 사용한다.

우리나라의 가정용 전기의 경우 AC 60Hz라고 표기되어 있는데 이는 전기의 방향이 1초에 60번 바뀐다는 뜻이다.

즉 방향이 일정하지 않고 계속해서 바뀐다는 것은 방향이 한쪽 방향으로만 흐르는 직류에 비해 안정성이 떨어진다는 뜻이며 그렇기 때문에 일반적으로 정밀한 전자제품과 같이 안정성이 보장되어야만 하는 제품들은 최종적으로는 직류가 사용되어야 한다는 것이 핵심이다.

이러한 전기에 대한 기본적인 지식이 있어야 콘덴서가 무엇인지, 왜 이 콘덴서를 생산하는 삼성전기가 4차 산업혁명 시대의 최대 수혜주가 될 수밖에 없는가를 알고 투자에 임할 수 있는 것이다.

콘덴서는 직류를 잡아준다고 했다. 모든 직류전기를 사용하는 전기가 사용되는 제품에는 이 콘덴서라는 것이 들어가는데 전기제품의 경우 전원이 꺼져 있어도 이 콘덴서가 일정 부분 잡아 놓았던 직류전기를 저장하였다가 전원이 들어오게끔 하는 역할을 하는, 전자제품에 필수적인 부품인 것이다. 만약 직류전기를 사용하는 제품에서 이 콘덴서가 고장이 났다면 전기가 들어오지 않는다.

또한 이 콘덴서는 전압이 안정적으로 유지될 수 있게 해주는 역할을 하며 노이즈를 제거하는 역할을 한다는 것이다.

노이즈란 것은 전기제품에서 나오는 시끄러운 잡음 같은 것을 말한다.

노이즈는 거의 모든 전자제품에서 발생할 수 있는데 전자파노이즈(전자란 전기의 가장 기본적인 물질인 음전하)는 전자제품에 오작동을 일으킬 수 있다.

어떤 시스템에는 필요한 자기에너지가 다른 시스템에는 필요없다면 이게 노이즈가 되어 버리며 이 노이즈가 결국 오작동이나 기능을 저하시키는 역할을 하게 된다.

콘덴서라는 것이 바로 위에 언급한 것들을 수행하는 역할을 하는 것이다.

이러한 콘덴서를 아주 여러 겹으로 차곡차곡 겹쳐서 만들어 놓은 것이 바로 MLCC다.

그만큼 안정성이 뛰어나고 용량이 크며 정밀해야 한다.

이는 전류가 일정하게 흐르게 하는 핵심 부품으로 노트북에 몇 개가 들어가고 자동차에 몇 개가 들어가고 스마트폰에 몇 개가 들어가고 하는 식으로 MLCC 관련 주에 접근하는 방식을 택하지 말고 이 관련 주에 투자를 하려면 최소한 위와 같은 정도의 MLCC에 대해 알고 이 산업이 왜 향후 발전할 수밖에 없는가에 대한 믿음을 가지고 투자에 들어가는 것이 합당할 것이다.

이 MLCC산업이 4차 산업혁명 시대에 이전에 공부한 반도체 산업 분석과 마찬가지로 핵심 수혜주가 될 수밖에 없는 이유를 이제는 알 수 있을 것이다.

　결국 모든 산업과 산업 사이의 원활한 융합은 결국 전자제품이라는 하나의 매개체를 통하지 않고는 이루어질 수 없고 이 전자제품은 산업이 발전할수록 기능이 다양화되고 그 기능을 충족시킬 정도로 정밀해질 것이며 정밀하면 정밀할수록 뛰어난 안정성이 요구되며 모든 산업에 대한 융합이 일어날 만큼 수요도 폭발적으로 증가할 수밖에 었는 것이다.

　이 MLCC제품의 경우 PC나 LED, TV, 스마트폰 등에서도 많이 사용되지만 특히 전기자동차나 자율주행차 분야에서는 앞에서 언급한 제품들과는 비교도 되지 않을 만큼 많은 수요가 예상된다.
　이렇게 우리는 하나의 종목을 선택하고 매수에 들어갈 때 이 종목이 속해 있는 산업의 기본적인 제품에 대한 이해와 향후 그 산업의 업황에 대한 최소한의 기본적인 공부를 하고 투자를 해야 할 것이다.

－ 추세패턴의 변화: 변화는 단계별로 온다.

　위에서 우리는 많은 공부를 하였지만 주가의 움직임은 하나의 추세로만 움직이는 것이 결코 아니다.
　추세는 여러 가지 형태로 나뉘어서 움직이는데 이는 곧 추세는 변화한다는 것을 의미한다.
　일반적으로 하락추세에서 상승추세로 전환될 때는 한 번에 직선적으로 급반등하는 일명 V자 반등이 일어나는 경우가 극히 적다.
　일반적으로 추세가 상승으로 전환될 때는 V자 반등이 오기보다는 서서히 추세를 전환시키면서 반등이 나오는데 이때 추세는 소추세, 중추세, 대추세의 형태를 이루는 경우가 많다.

즉 주가가 어느 일정한 위치에서부터는 아주 짧은 추세를 만들면서 반등하고 또 그 추세의 저항가격을 넘기면 또다시 그 직전 추세의 저항까지 반등을 시도한다.

이렇게 주가의 반등 과정에서 추세는 계속해서 단계별 저항을 넘기고 또 그 상위의 추세 저항을 넘기며 상승하는데 이를 우리는 소추세, 중추세, 대추세라고 부른다.

일반적으로 정해진 기간은 딱히 없다. 추세의 움직임을 보며 그 추세대의 저항선을 넘기느냐, 넘기지 못하느냐를 보면서 추세를 판단하면 된다.

* 추세터널의 변화(소추세, 중추세, 대추세)

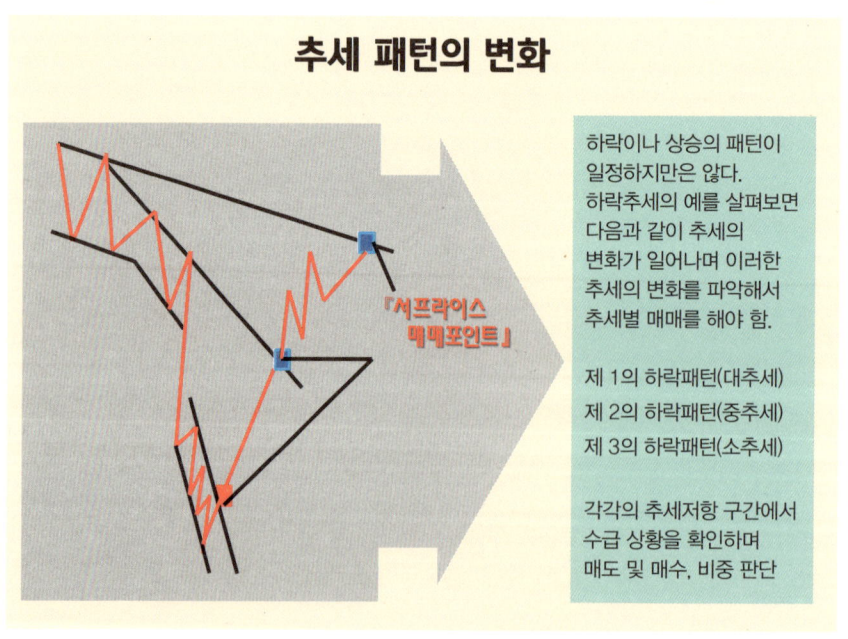

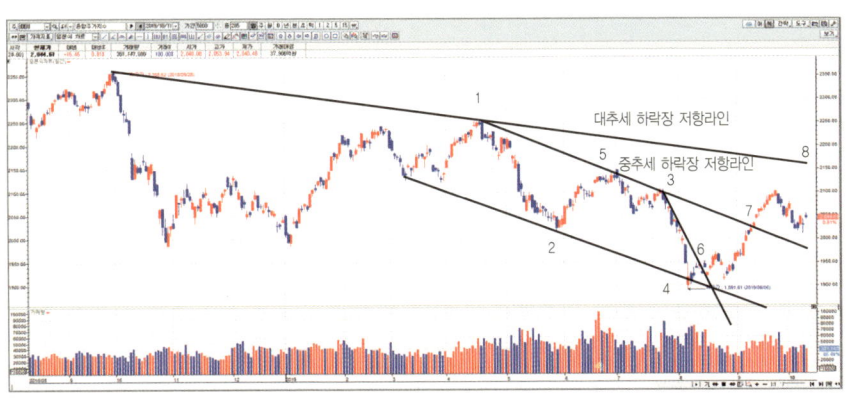

　그림에서 보듯이 3, 4번 사이의 추세선은 급락하는 추세를 보이면서 하락하다가 소추세 6번 저항을 넘기면서 주가는 1, 3, 5번 추세선의 연장인 7번 추세선(중추세선)을 형성하는 가격대까지 반등하며 이제는 1번 추세선의 연장인 8번 대추세선까지 상승을 시도하는 모습을 보인다.

　여기서 약 15거래일인 3주 정도의 소추세 기간을 형성하였고 중추세의 경우에는 한 달 정도의 기간에 걸쳐 급등하는 패턴을 보이면서 중추세 선까지 상승하였다.

　2번과 4번의 추세는 1, 3, 5번과 평행을 이루면서 하락추세대를 형성하는 모습을 보이다가 4번 추세대의 지지를 받고 상승추세대로 전환하기 위한 마지막 지지를 받는 모습을 나타낸다.

　대추세선의 경우에는 약 몇 개월 이상의 기간을 두고 대추세까지 상승을 시도하고 있다.

　이 책 초반부에서 필자는 차트를 제대로 볼 수 있으려면 최소 6개월 이상의 기간을 설정하고 차트를 분석해야 한다고 했다.

　이런 추세 분석을 하기 위해서는 최소한 대추세선까지는 살펴보고 분석을 해야 한다. 그렇지 않고 소추세, 중추세선에 대한 분석만 하면 추세가 정확하게 나오지 못할 때가 많을 뿐만 아니라 추세 분석도 상당히 힘들어진다.

다시 한 번 강조하지만 추세를 판단하고 차트를 분석할 땐 최소한 6개월 이상의 기간을 설정한 다음에 이를 실행하여야 한다.

- 기타 추세: 익혀 두면 참고할 만한 패턴이다.

그외에 다이아몬드형 추세와 깃발형 추세 등 여러 가지 추세가 있을 수 있다.

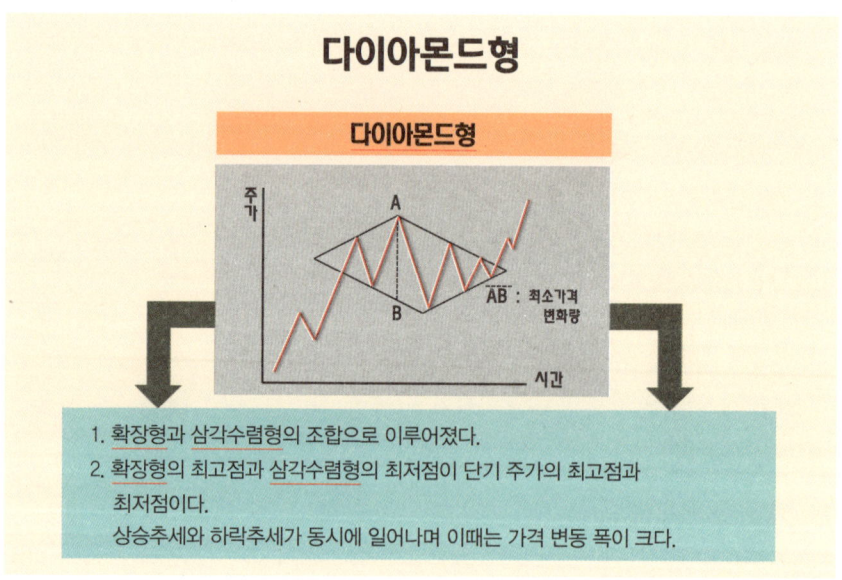

1. 확장형과 삼각수렴형의 조합으로 이루어졌다.
2. 확장형의 최고점과 삼각수렴형의 최저점이 단기 주가의 최고점과 최저점이다.
   상승추세와 하락추세가 동시에 일어나며 이때는 가격 변동 폭이 크다.

깃발형

상승깃대형

하락추세대 매매와 동일하다.
단지 상승깃대형은 급상승 후 조정을 거치면서 하락추세대를 형성하고는 추가상승을 한다.
깃대가 급상승하는 부분이다.

하락깃대형

상승추세대 매매와 동일하다.
단지 하락깃대형은 급락 후 반등을 거치면서 상승추세대를 형성하고는 추가하락을 한다.
깃대가 급락하는 부분이다.

하지만 이제 이러한 것은 모두 어떤 추세라도 그 모습만 다를 뿐 모든 추세선의 원리와 매매 방법은 동일하다는 것을 충분히 인지하였으리라 보기 때문에 이러한 추세패턴은 따로 설명하지 않고 여러분들이 참고하면서 매매하면 되겠다.

3. 이평선

이평선매매는 추세매매 다음으로 신뢰성이 높다.

일반적으로 이평선이라고 하면 이동평균선을 이야기한다.
이 이동평균선이란 그날그날의 주가의 종가를 다 합친 날의 일수를 나누는 것을 의미한다.

예를 들어 5일 이동 평균선이라고 하면 5일간 거래되었던 날의 종가를 다 합치고 난 가격을 5로 나누는 것을 이야기한다.
이 이야기는 결국 5일간 거래했던 사람들의 평균 가격을 계속 점으로 찍은 후 연결한 것이 5일 이동평균선이다.

주식하는 사람들 중에서는 이 이동평균선에 대해서 모르는 이가 없다.

그럼 20일 이동평균선은 20일간 거래한 사람들의 평균가격이라는 것이다.

60이평선은 60일간 거래한 사람들의 평균가격이므로 이평선의 크기가 클수록 그만큼 거래했던 사람들이 많다는 것을 의미하며 거래했던 사람들이 많으면 많을수록 그 사람들의 평균가격에 대한 강력한 힘이 저항과 지지가격으로 정해지며 강해질 것이라는 이야기가 된다.

10일 동안 거래한 사람들의 평균 가격이 10,000원이라고 할 때 10일 이평선의 가격은 10,000원이 되는 것이고 만약 주가가 10,000원 이상으로 상승하다가 다시 조정을 받을 때 주가가 10,000원 부근까지 오게 되면 수익이 나고 있는 평균 10,000원에 매수한 사람들, 즉 10일 동안 매수한 사람들은 주가가 10,000원 이하로 떨어지게 되면 손실이 발생하기 때문에 이들은 어떻게 해서라도 손실을 막으려고 최선을 다해 10,000원 선을 지키려고 할 것이다.

또한 60일간 매수한 사람들의 평균가격이 15,000원이라고 할 때 역시 주가가 상승하고 다시 하락할 때 60일간 매수한 사람들은 그 평균가인 15,000원이 깨지면 손실이 나기 때문에 15,000원 가격은 무조건 방어하려 들 것이다.

10일간 매수한 사람들의 힘보다는 60일간 매수한 사람들의 힘이 더욱 큰 것은 당연한 이야기가 된다.

이는 이평선의 크기가 크면 클수록 주가가 하락했을 때 지지력이 크다는 것을 의미하며 또한 60일간 모인 사람들이 힘을 합쳐 지킬려던 사람들의 평균기격이 무너져 버리면 다시 한 번 반등을 하더라도 그 가격대는 다시 뚫어버리기 힘든 저항가격이 된다는 것이다.

이런 원리로 이평선의 힘의 크기를 매수한 사람들의 일수만큼 계산해서 짧은 기간 매수한 사람들의 힘보다는 오랜 기간 매수한 사람들의 힘이 크다는 것이 이평선매매의 기본이다.

즉 단기 이평선의 힘보다 장기 이평선의 힘이 크기 때문에 힘의 크기를 식으로 표현하자면 5 < 10 < 20 < 60 < 120이 된다.

- 이평선 설정의 특화

일반적으로 사람들은 모든 이평선의 기준을 천편일률적으로 위와 같이 정해 놓고 기준을 잡는다.

하지만 필자는 왜 모든 이평선의 기준이 위와 같이 설정되어 있고 위와 같이 모든 사람이 차트에 그려진 것을 표준으로 삼고 매매하는지 도저히 이해되지 않았다.

필자는 이 이평선을 그대로 적용하지 않는다.

예를 들어 설명해보겠다.

5일 이평선은 5일 동안 매매한 사람들의 평균가격이라고 했는데 이 5일이라는 수는 일주일간의 거래일인 5일이 되는 것이다. 그래서 일주일 단위로 5이평선을 기준으로 잡는다는 것은 충분히 설득력이 있다고 본다.

그럼 10일 이평선은 2주간의 거래한 사람들의 평균값이니 이 역시 2주라는 단위로 끊는다는 측면에서 납득이 된다.

그러면 20이평선은 무엇인가 4주간 거래한 것을 하나의 단위로 잡는다는 것은 이해가 되는데 일단 4주라는 단위는 한 달이라는 의미가 포함되어 있는 것이다.

즉 한 달 동안 매매한 사람들의 평균 가격이라는 것인데 왜 한 달 동안이라는 것을 기준으로 잡지 않고 4주로 잡는지는 필자는 이해할 수 없다.

한 달의 평균은 22거래일인 것이다. 그러면 차라리 22이동평균선을 기준으로 잡는 것이 훨씬 더 합리적인 단위가 아닐까 하는 것이 필자의 생각이다.

또한 60이평선 역시 마찬가지다. 60이평선이라는 것은 20일을 3번 해서 나온 수치다. 즉 3개월간 매매한 사람들의 평균가격이라는 것인데 3개월을 기준으로 잡는다면 66일이 되어야 정상적인 단위 계산이 아닌가?

그래서 필자는 기본적으로 5, 10, 20, 60이평선을 기준으로 잡고 보지 않는다.

– 이평선 명칭에 대한 이해

또한 이평선의 명칭도 있는데 예를 들어 5일 이평선을 심리선으로, 20일 이평선을 세력선 또는 생명선으로, 60이평선을 수급선으로 부르는 등 그 명칭이 많다.

다 나름의 이유가 있어 그렇게 부른다지만 예를 들어 20이평선은 세력선이라고 부른다고 할 때 그 주식을 움직이는 사람들이 20이평선을 기준으로 주가를 자기 마음대로 콘트롤한다는 게 상식적으로 말이 안 된다. 그만큼 시장에서 중요하다고 생각해서 생명선이라고 한다면 '그건 그냥 그렇구나' 하고 넘어갈 수도 있겠지만 말이다.

또한 60이평선을 수급선이라고 하는데 왜 이렇게 부르는지 생각해보자.

일반적으로 60이평선은 3개월을 의미한다고 했는데 이 3개월은 한 분기 단위다. 증권사에서 리포트를 작성할 때, 회사에서 실적을 공시할 때, 회계 처리를 할 때 분기별로 진행한다.

즉 그만큼 이 분기의 실적에 예민할 수밖에 없다. 이 이야기는 한 분기가 끝나면 기관이나 외국인들은 다음 분기에 대해 분기 실적을 예상하고 투자를 해야 한다는 것이다.

다음 분기에 실적이 좋지 않을 것 같으면 매도를 할 것이고 실적이 좋을 것 같으면 매수할 것이다.

그래서 기관들의 분기별 실적을 예상하고 매수를 할 것인지 매도를 할 것인지를 결정하는 기준이 바로 분기이기 때문에 그들의 수급 상황을 알 수 있어서 60이평선을 수급선이라고 부르는 것이다.

60이평선을 수급선이라 부르는 이유에는 어떤 이평선 명칭보다 가장 합리적으로 이해할 수 있는 부분이 있다.

주식은 수급이라고 했다. 그 어떤 것도 수급이 여의치 않으면 버틸 수 없다. 추세를 공부하는 이유도 그 지지대에서는 매수하려는 사람들이 매수를 해야 되겠다라는 의지를 가지고 매수에 응한다고 보고 수급이 유입되기 때문이다.

이 수급을 결정하는 외국인 기관들의 힘을 나타내는 것이 바로 60이평선이기 때문에 시장에서는 이 60이평선을 가장 중요하게 보는 것이다. 필자 역시 이평선들 중에서 3개월간의 이평선의 합인 66이평선을 가장 중요하게 정해 놓고 매매를 한다. 이제 60이평선이 수급선인 이유를 정확하게 알았다. 이러한 내용을 아는 사람들은 60이평선을 실적선이라고도 부른다.

120이평선은 경기선이라고 하는데 6개월은 단기 경기 동향을 알 수 있는 부분이라고 해서 경기선이라고 부른다고 생각하자.

이 이평선에 있어 명칭은 중요하지 않지만 60이평선이 수급선이라는 것이 왜 그런지, 왜 중요한지 그것만 정확하게 알고 넘어가면 이평선에 대해서 어느 정도 이해할 수 있을 것이다.

또한 주식 공부를 어느 정도 하고 차트를 어느 정도 공부를 한 분이라면 천편일률적인 이 이평선만을 기준으로 하지 않고 자신만의 이평선을 만들어서 사용할 것이다.

예를 들어 10이평선을 대신해서 12이평선을 사용하는 사람, 60이평선과 20이평선의 중간인 33이평선을 사용하는 사람, 200일 이평선을 기준으로 잡는 사람, 380일 이평선을 기준으로 잡는 사람 등등 많은 사람이 자신만의 이평선을 기준으로 잡고 매매를 한다.

이평선은 어느 이평선을 기준으로 잡아도 무방하다는 것이 필자의 결론이다. 자신만의 기준을 가지고 이평선을 설정하고 매매를 하면 되는 것이다.

　이평선의 지지가 조금씩 다르다는 것은 중요한 내용이니 꼭 알고 넘어가자.
　어떤 종목은 항상 20일 이평선을 기준으로 지지를 받고, 어떤 종목은 다른 이평선을 다 무시하고 60이평선만 지지를 하며 상승하고, 또 어떤 종목은 다른 이평선은 다 맞지 않는데 항상 12이평선을 기준으로 상승하는 등 종목마다 그 종목 특유의 지지와 저항 이평을 가지고 있는 경우가 많아 개인 투자자들은 이러한 종목 특유의 의미 있는 지지와 저항이평선을 빨리 파악해야 한다.

– 상위 3%만 알고 있는 이평선 상식

　많은 사람이 자신이 이평선에 대해 다 아는 것으로 생각한다.
　필자는 많은 강연회를 다니면서 다음과 같은 질문을 해보았다. "여러분들은 이평선을 다 알고 계시죠?"

　이 질문에 모두가 "네." 하고 답한다
　"그럼, 정말 다 알고 계시는지 질문 하나만 해 볼테니 답해보실래요." 하면 콧방귀를 뀐다. '이 귀한 시간에 이평선 이야기나 하고 있네.', '그 정도도 모르는 사람이 아니다.'라고 비웃는 경우가 많다. 물론 속으로 비웃겠지만 필자의 눈에는 보인다.
　그런데 필자가 "이것에 대해 1초 이내에 대답하는 사람만이 이동평균선의 진정한 의미를 알고 있음을 인정해 주겠다."라고 말하고 질문을 했을 때

명확하게 이평선의 정의를 이해하는 사람은 답한 사람들의 3% 이내였다.

그럼 그 질문을 여러분들에게도 똑같이 해보겠다.

이 질문을 받았을 때 정말 이동평균선에 대해서 고민하고 연구하고 원리를 파악하려고 공부한 사람은 아무리 길어도 1초 이내로 즉시 답할 수 있어야 한다.

1초 이상 생각하거나 헷갈려하는 사람은 이평선 원리를 정확하게 알지 못하고 건성으로 이동평균선을 단순히 위의 개념으로만 알고 있는 것이다.

질문을 하나 하겠다. 1초 이내에 이 질문에 답하는 사람만이 이평선을 명확하게 이해하고 있는 것이며 1초 안에 답을 하지 못하는 분들은 이 질문 하나에 난 이 주식시장에서 그냥 그런 사람에 불과하다고 스스로 반성해야 할 것이다.

그냥 픽 하고 웃고 지나가는 사람은 절대 이 시장에서 성공할 수 없는 사람이라고 필자는 생각한다. 받아들이고 안 받아들이고는 스스로가 결정하면 되는 것이다.

13일 이평평균선이 상승하기 위해서는 오늘을 포함해서 며칠 전의 주가보다 오늘의 주가가 높아야 하는가?
답은 여기서 말하지 않겠다. 1초 이내에 즉답을 하지 못하는 분들은 적어도 주식시장에서의 자신이 어떤 사람인지를 다시 한 번 되돌아보며 그 답을 천천히 연구해 보라.

정말 아무것도 아니며 시덥잖은 질문 같지만 필자는 남들은 무시하는 이런 아주 시시하고 조그만 부분이 중요하다고 본다.

물론 이것을 안다고 주식을 잘하고 모른다고 무조건 못한다는 것은 아니다.

그러나 필자는 주식을 하겠다는 사람이 이 기본적인 것도 모르고 있다는 것은 마음가짐 자체가 덜 되었다고 생각한다.

사실 필자도 처음 주식할 때 누군가에게 이 질문을 받았는데 1초 안에 대답을 하지 못했다.

이 질문을 받고 명확하게 즉답을 하지 못했을 때 필자는 너무나 부끄러웠고 나 자신이 한심해 보였다.

이런 기본적인 원리도 모르면서 이평선에 대해 다 아는 것처럼 자만심이 가득한 필자로 하여금 주식이란 것에 대한 겸손함을 일깨워준 사건이었다.

될성부른 나무는 떡잎부터 알아본다고 했던가….

- 정배열 종목만 공략하자.

* 역배열, 정배열의 원리

정배열이란 주가의 장기이평선이 아래에 위치하고 단기 이평선이 위에 그려져 있는 모습을 말한다.

즉 단기 이평선의 값이 장기 이평선의 값보다 큰 값이 나올 때를 말하는 것이다.

5이평선의 값 > 10이평선의 값 > 20이평선의 값 > 60이평선의 값

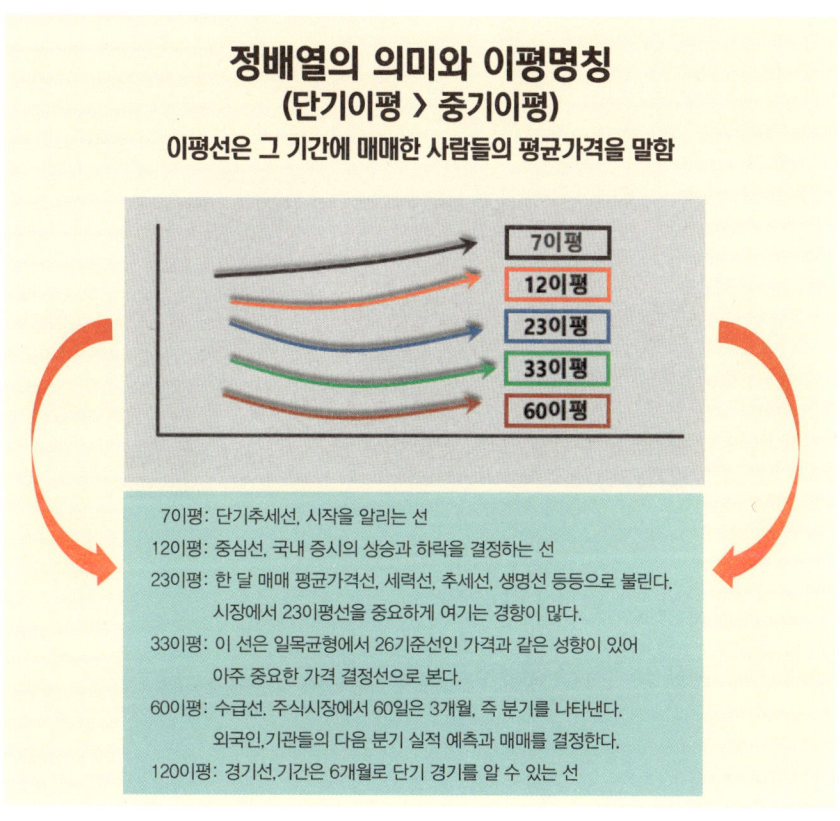

이렇게 나타날 때를 정배열이라고 표현하며 장기 이평선의 값이 단기 이평선의 값보다 크게 나타날 때를 역배열 종목이라고 한다.

5이평선의 값 < 10이평선의 값 < 20이평선의 값 < 60이평선의 값 이렇게 나타날 때를 역배열 종목이라고 한다.

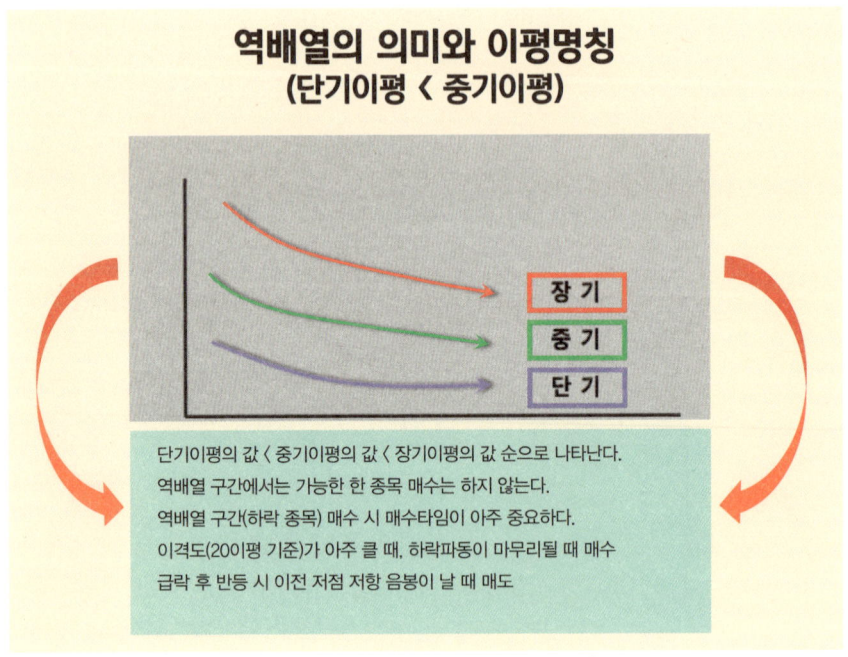

이 정배열 종목의 특징은 주가가 상승할 때 만들어진다는 것이고 역배열 종목의 특징은 주가가 하락하고 있을 때 만들어진다는 것이다.

개인 투자자들이 명심해야 할 부분은 '주식을 거래할 때 가격이 상승하고 있는 주식에 투자를 해야 한다는 데 최우선 순위를 두라는 것'이다.

그 가격이 너무 많이 급등해서 매수하기 무서울 정도의 높은 가격에 형성되어 있지만 않다면 계속해서 주가가 상승하고 있는 종목에 투자하는 것이 주가가 지속적으로 언제까지 하락할지 모르는 그런 종목에 투자하는 것보다는 수익을 거둘 확률이 높다.

이렇게 상승하는 주식이 만들어 내는 이동평균선을 정배열 종목이라고 부른다면 당연히 우리는 정배열 종목에 우선 관심을 가져야 한다.

- 역배열을 좋아하면 주식 인생을 망칠 수 있다.

일반 투자자들 중 많은 사람이 확실하게 바닥이 어디인지도 모르는 상황에서, 바닥 잡는 법을 조금 안다고 하락하고 있는 종목을 정말 확신할 수 있는 기준도 없이 어설픈 보조지표 신호에 의존하거나 '이 정도나 빠졌는데 이제는 여기가 바닥일 거야' 하는 감각적인 기분이나 욕심에 주식을 매수하고서는 주가가 그 후로도 더욱더 많이 빠지면서 어디까지 더 하락할지 모르는 상태에서 손실만 키운다.

선무당이 사람 잡는다고 어슬픈 바닥 잡기 기법을 배워서 최저가에 잡으려 하지 말고 상승하는 종목에 관심을 가지자.

상승하는 종목에 대한 기준을 어떻게 잡느냐 하는 것이 문제인데 이는 이미 앞에서 추세에 대해 공부하였듯이 소추세, 중추세, 대추세를 공부하며 일단 상승의 기운이, 즉 추세대를 돌파하는 종목에 매수하면 되는 것인데 이 추세대를 정확히 알기 어려운 사람은 어쩔 수 없이 우리가 배운 이동평균선을 보면서 기준을 잡는 것도 하나의 방법이다.

일반적으로 많은 사람이 기준으로 잡는 것이 한 달 정도의 기간이며 이 기간의 이평선을 20일이평선이라고 하며 이 이평선을 부르는 또다른 이름이 20이평선, 생명선인데 매매에 있어 이 20일 이동평균선을 기준으로 잡아보도록 한다.

이 이평선은 여러분들이 본인의 기준에 맞게 설정하면 된다고 말했기 때문에 20일을 기준으로 잡아도 되고 22일을 기준으로 잡아도 되겠다.

신이 아닌 다음에는 주식을 하면서 언제나 정확한 저점과 고점을 찾아낼 수는 없다. 그렇기 때문에 항상 주가가 상승추세로 완전히 진입했다고 판단되는 순간에서는 매수를 하고, 지수가 더 이상 상승하기 힘든 위치에 왔다는 신호가 나올 때에는 매도를 하면 되는 것이다.

하락추세에서 상승추세로 완전히 진입했다고 생각되는 위치를 무릎이라고 표현하고 더 이상 상승하기 힘들어하는 위치를 어깨라고 부르는데 이를 증시 격언으로 표현한 말이 "무릎에 사서 어깨에 팔아라"다.

만약 무릎과 어깨의 기준을 잡는 추세를 정확하게 알지 못하는 투자자 분들은 그 기준을 20이평선으로 잡고 이를 넘어설 때 매수를 하는 것이 좋다.

주가가 20이평선을 넘어갔다는 것은 한 달의 기간에 매수한 사람들의 평균가격대를 넘어섰다라는 것이고 주가가 빠질 때는 한 달 기간에 매수한 사람의 힘만큼 방어의 힘을 가지고 있을 것이라는 믿음을 가질 수 있기 때문에 추세를 잡기 어려운 분들은 최소한 20이평선을 기준으로 잡도록 하자.

그런데 여기서 우리는 다음과 같이 한 가지를 고민해 볼 필요가 있다. 이 주가가 20이평선을 넘길 때 매수해야 하는지 20이평선의 가격이 상승으로 전환되거나 상승이 유지되고 있을 때 매수해야 하는지를 구분해야 한다는 것이다.

- 이평매매기법의 기본을 알고 활용하자.

이제 본격적으로 이평선매매에 대해 공부해 보자.

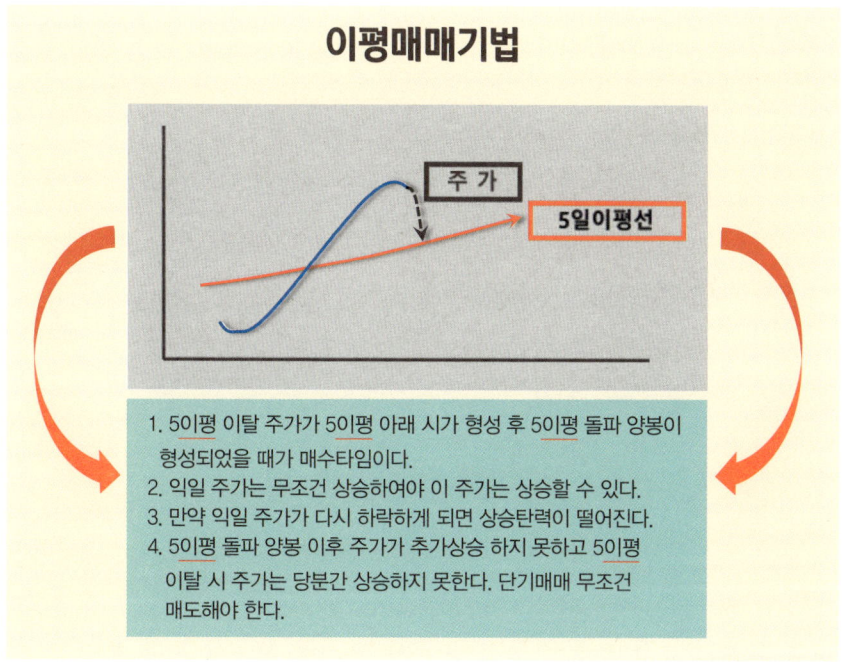

기준을 20이평선을 기준으로 하며 20이평선이 하락하는 경우를 보자 (22이평선을 기준으로 봐도 무방하다. 원리는 같음.)

20이평선이 하락하는 경우는 주가가 하락하고 있는 추세라고 보면 되는데 이때 일시적으로 주가가 반등하며 상승하는 모습을 보일 때가 있다.

이렇게 주가가 반등을 주며 상승하는 모습이 나올 때 주가가 20이평선을 넘기면 일반 투자자들은 '이제는 주가가 상승세로 이어지겠지.'라는 생각을 하게 될 것이다. 즉 일반 투자자들은 '이제 주가는 배운대로 무릎에 오지 않았을까?' 하는 생각을 가지며 매수를 하려고 하는 것이 일반 개인 투자자들의 심리이겠지만 이는 이러한 일반 투자자들의 생각을 역으로 이용해서 매수하려는 일반에게 결정적인 결정타를 먹이며 바닥에서 매수한 세력들이 고점에서 매도하는 기회로 삼고 매도해 버릴 수 있는 시점이라는 것을 인식해야 한다.

즉 20이평선이 계속 하락하는 가운데 주가가 20이평선을 넘길 때 우리는 매도를 생각하며 주식을 매매해야 한다는 것이다.

하지만 여기에서도 무조건적인 매도보다는 파동을 확인해야 한다.
파동이 완성된 20이평선을 돌파하는 종목은 그때 매도보다는 매수가 더 신뢰성이 높을 수가 있다.

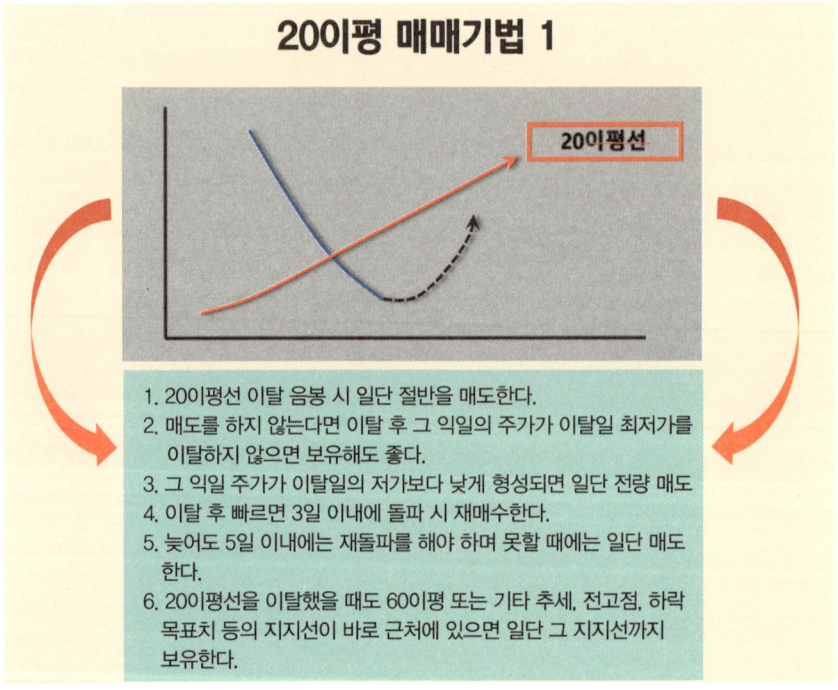

20이평 매매기법 1

1. 20이평선 이탈 음봉 시 일단 절반을 매도한다.
2. 매도를 하지 않는다면 이탈 후 그 익일의 주가가 이탈일 최저가를 이탈하지 않으면 보유해도 좋다.
3. 그 익일 주가가 이탈일의 저가보다 낮게 형성되면 일단 전량 매도
4. 이탈 후 빠르면 3일 이내에 돌파 시 재매수한다.
5. 늦어도 5일 이내에는 재돌파를 해야 하며 못할 때에는 일단 매도한다.
6. 20이평선을 이탈했을 때도 60이평 또는 기타 추세, 전고점, 하락 목표치 등의 지지선이 바로 근처에 있으면 일단 그 지지선까지 보유한다.

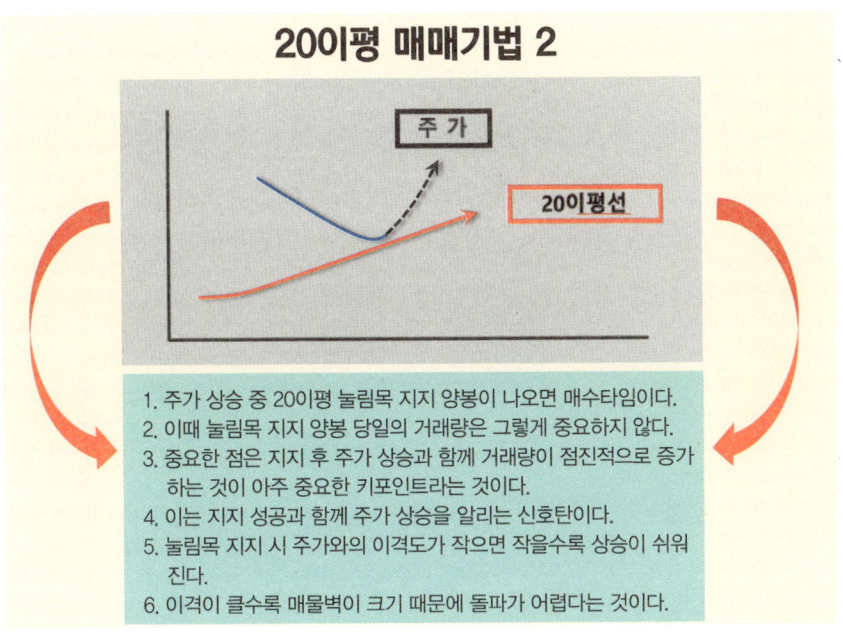

파동 부분은 나중에 다시 자세히 다루도록 하겠으니 일단은 이평선매매 기법은 주가가 하락하는 이평선을 넘길 때 저항가격 돌파라고 하면서 성급하게 매수에 들어가서는 안 된다는 것, 이를 세력들은 매도의 기회로 삼는다는 것만 명심하도록 하자.

다시 한 번 짚고 넘어가지만 주가는 어느 하나의 신호만으로는 결코 정확한 매매 타임을 잡을 수 없다.

캔들, 이평선, 추세, 거래량 그리고 여러 가지 보조 지표, 기업 분석 등등 아주 많은 요소가 가지고 있는 특성 및 신호를 조합해서 판단해야지만 정확한 매매 타임을 잡을 수 있는 것이다. 어느 한 가지 지표의 매매신호만 가지고 매매를 하는 것은 남들이 성능 좋은 무기 10개를 능수능란하게 다룰

줄 알고 이를 가지고 전쟁에 임하는데 본인은 오직 한 가지 무기만 가지고 전쟁에 임하는 것과 같은 모습이라고 할 수 있다.

이평선매매를 공부했다고 해서 그 신호가 이평선매매에서 매수신호라 여기며, 캔들 공부를 하고 캔들에서 매수신호가 확실히 나왔다고 해서 매수신호가 발생했으니 매수하겠다는 어리석은 행동은 하지 않아야 한다.

우리가 할 일은 모든 차트 분석에서의 항목마다 매수와 매도신호를 모두 따로따로 하나씩 공부하고 익히고 그 각각의 매매 신호를 완전하게 내 것으로 분석하고 난 다음 그 각각의 신호를 모두 파악하고 조합 · 분석 · 통합해서 가장 적절한 매매 타임을 잡는 것이 우리가 할 일이다.

또한 모든 신호가 완벽하게 맞아 떨어졌지만 발생하는 속임수라든가 신호의 실패 등도 고려해서 매매를 해야 하기 때문에 지금 이렇게 각각의 지표에 대한 개별적인 매매신호를 공부하는 것이다.

이평선매매에서 기본적인 것들 중에 아주 중요한 한 가지가 바로 하락하는 이평선을 넘기는 주가가 나올 때는 매수를 하지 말고 세력들의 매도신호로 파악하라는 것이다.

'인생에서는 무엇을 해야 성공한다'라고 하면서 꼭 해야 할 일을 하는 것보다 '무엇을 하면 절대 안 된다'라고 하면서 절대 하지 말아야 할 일을 하지 않는 것이 성공할 확률이 훨씬 크다.

사람과 사람 사이에서도 마찬가지 부부와 부부 사이에서도 마찬가지이며 친구와 친구 사이, 직장 상사와 부하 직원 사이 등등 모든 인간관계에서도 마찬가지로 내가 상대방에게 무엇을 해야 관계가 좋아질 것인가를 생각하며 행동하기보다 서로의 관계에서 어떤 것을 절대 하지 말아야 관계가 좋아지는지를 생각하는 것이 더욱 중요하듯 주식을 할 때 무엇을 하지 말아야 할 것인가를 먼저 파악하고 행동해야 성공투자를 할 확률이 훨씬 높아진다.

반대로 생각해서 상승하는 종목에서 때로는 20이평선을 깬다면 매도하기보다는 이때를 이용해서 매수에 들어서는 세력들이 있다는 생각으로 이평선매매를 생각해야 한다.
그러나 만약 내 종목이 고점에서 매수해서 20이평선이 깨졌는데도 이때는 교과서적으로 매수 타임이므로 접근하는 세력이 많다고 생각하고 그대로 보유하고 있다가 기회를 놓치고 손실이 더 커질 수도 있다.

그래서 필자는 이 이평선매매보다는 추세매매에 신뢰성을 더 많이 부여한다.
이평선매매의 기본은 이러한 점을 고려하면서 절대 하나의 이평선만을 보며 매매를 해서는 안 된다는 것이 필자의 생각이다.
이평선매매는 최소한 파동을 보면서 해야 한다.

추세매매는 이미 추세 그 자체가 파동을 형성하면서 그려지는 것이기 때문에 이 추세매매에는 파동이 포함되어 있으며 그렇기 때문에 파동이 포함되어 있지 않은 이평선매매보다는 신뢰성이 크다는 것이다.
이평선매매는 최소한 이평선 하나로만 판단하면 안 되며 여러 가지 항목을 고려해야 하지만 반드시 파동을 생각하며 이평선매매를 해야 한다는 것을 꼭 명심하자.

- 특수파동을 알아야 이평선매매를 완벽하게 소화한 것이다.

이평 파동(특수파동)

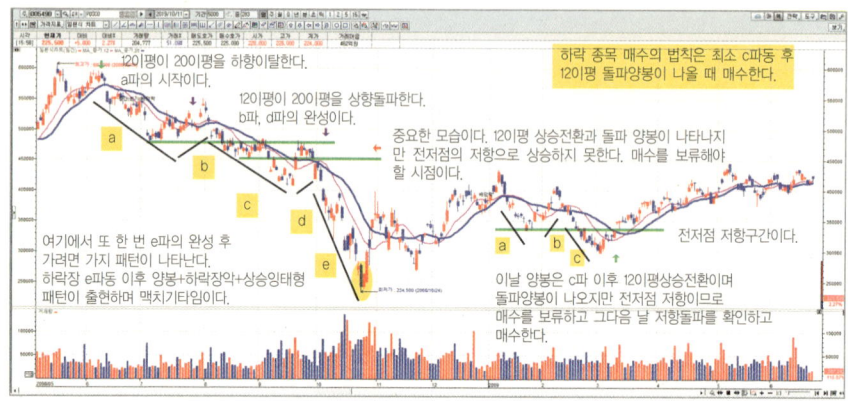

- 속임수 특수파동에 속지 말자.

속임수 이평 파동

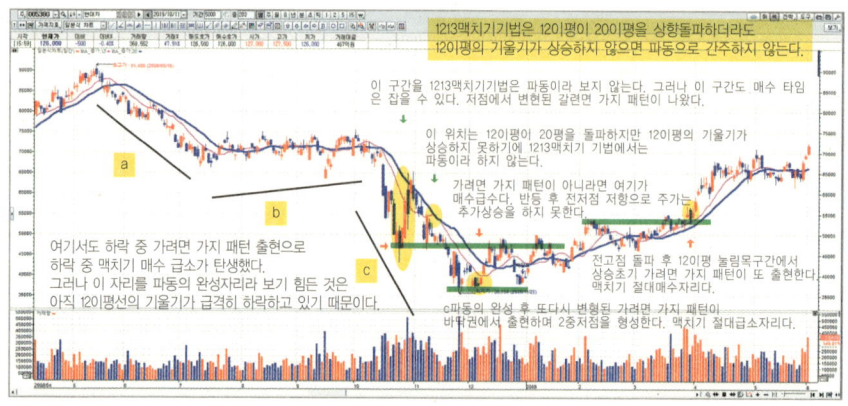

- 그랜빌의 매매 법칙

이 이동평균선 매매기법을 아주 명확하게 제시한 사람이 바로 그랜빌인데 필자는 이 그랜빌의 매매 법칙만 완벽하게 내 것으로 익히면 이평선매매기법을 거의 완벽하게 이해하는 것으로 생각하기 때문에 그랜빌의 매매 법칙을 요약해서 정리하도록 하겠다.

위에 필자가 언급한 기본적인 개념만 잘 생각한다면 이평선매매기법의 최고봉이라 할 수 있는 그랜빌의 매매 법칙을 정확하게 이해할 수 있을 것이다.

그랜빌의 매매 법칙은 모두 8가지로 나누어지는데 간단하게 말하자면 아래와 같다.

주가가 상승할 때는 즉 이평선이 상승할 때는 주가가 이평선 지지를 받아도 매수 타임이 되는 것이고 이평선 아래로 주가가 이탈할 때도 매수 타임이 된다는 것이 바로 그랜빌의 매매 법칙인 것이다.

반대로 주가(이평선)가 하락하고 있을 때는 주가가 반등하며 이평선의 저항을 받을 때도 매도 타임인 것이고 저항을 뚫고 올라가도 매도 타임이 되는 것이다.

또 하나는 이평선이 하락하다가 상승할 때만 주가가 반등하면서 이평선을 넘길 때 매수해야 한다는 것이고 이평선이 상승하다가 하락할 때 주가가 하락하면서 이평선을 깰 때 매도해야 한다는 것이다.

이렇게 6개가 정리되었다. 그런데 여기서 우리가 생각해 봐야 할 것은 이평선의 방향성 문제다.

　이평선이 상승 진행을 하든지 아니면 하락하다가 상승으로 전환하든지 어쨌든 이평선이 상승 위치에 있으면 주가가 어디에 위치하든 무조건 매수 신호로 해석하고, 이평선이 하락 진행을 하거나 상승 중 하락으로 전환되든 이평선의 위치가 하락 방향으로 위치해 있을 때는 주가가 어느 위치에 있어도 매도신호로 해석된다는 것이다.

　이게 6가지 법칙이며 나머지 두 가지는 이평선이 상승하는 도중에 주가가 지속적으로 상승하는 것은 당연한 이치겠지만 도를 넘어 상승하는 경우 즉 이평선 상승 중에 주가가 급등하는 경우가 생길 때는 급등으로 인하

여 수익을 많이 낸 사람들이 수익을 실현하기 위한 매도세가 나올 확률이 크기 때문에 이때는 일시적 하락이 일어날 것이므로 급등 시에는 이평선이 상승하더라도 매도로 대응하라는 것이다.

이평선이 하락되는 과정에서 주가가 점진적으로 하락하는 것은 당연하겠지만 주가가 급락을 하게 될 경우 일시적 급락에 따른 반등을 기대하는 세력들에 의해 주가는 일시적 반등이 온다는 것이 그랜빌의 매매 법칙의 마지막 두 번째다.

이제 그랜빌의 매매법칙을 최종적으로 정리해보자.

이평선이 상승 위치에 있을 때: 무조건 매수신호
이평선이 하락 위치에 있을 때: 무조건 매도
이평선이 상승 중 주가 급등 시: 매도(단기), 우리는 이러한 현상을 단기 급등에 따른 자율반락 이라고 부름 - 추세에서 공부한 오버슈팅을 비교하며 참고하자.
이평선이 하락 시, 주가 급락 시: 매수(단기), 우리는 이러한 현상을 단기 급락에 따른 자율반등이라고 부름 - 추세에서 공부한 언더슈팅을 비교하며 참고하자.
이평선매매는 이것으로 정리하도록 하겠다.

4장

가치 분석과 이론주가

주식 투자를 할 때 주가의 타이밍과 수급을 중요시하며 투자를 하는 사람이 있는가 하면, 기업가치는 결국 시장에서 인정받을 수밖에 없고 주가는 기업가치에 수렴할 것이라는 논리로 투자에 임하는 사람이 있다.

어느 방법이든 상관없이 투자로 수익만 내면 되는 것이다.

일반적으로 기업가치를 위주로 투자를 하는 사람들은 투자라고 표현하며 수급과 타이밍만을 보며 투자를 하는 것은 투자라기보다는 매매에 가깝다.

투자와 매매는 같은 말이지만 보유하고 있는 기간에 따라 다르게 불리는 명칭이기도 하다.

투자를 하든 매매를 하든 주식시장에서 수익만 잘 낸다면 그것이 정답이다.

이는 그 사람의 성향에 따라 달리 나타난다. 투자를 위해 기업가치를 최우선으로 하든 매매를 위해 타이밍과 수급을 최우선으로 하든 각자의 개인 취향에 따라 접근하면 되는 것이다.

내가 이 시장에 들어설 땐 종목을 매매함에 있어서 본인이 매수하는 종목이 매매용 종목인지, 투자용 종목인지를 명확하게 하고 접근만 하면 되는 것이다.

즉 투자를 하기 위한 종목을 매수하였을 때는 어떤 일이 있어도 그 종목이 가치가 훼손되지 않는 한에는 보유해야 하는 것이다.
투자용으로 매수한 종목의 주가가 조금 빠진다고 불안해한다면 이는 투자를 해야 할 필요가 없는 종목이 되든가 아니면 본인이 매매 방향을 대단히 잘못 잡고 있는 것이 된다.
이번 장에서는 가치투자를 위한 방법과 그 기업의 가치를 어떻게 실전에서 판단하고 매매할 것인가에 대해 알아보자.

우선 가치투자를 하기 위해서는 그 기업의 가치를 알아야 한다.
그 기업의 가치를 아는 방법은 여러 가지가 있겠지만 그중에서도 그 기업이 제대로 운영되고 있는지를 알아볼 수 있는 재무제표가 필수적인 확인 사항인 것이다.
우리는 여기서 재무제표에 대해서 공부를 할 것인데 실제 이 재무제표 분석은 너무 난해하고 복잡한 것일 수 있다.
가치투자는 기본적으로 재무제표를 완전히 파악하고 분석하지 못하면 절대 할 수가 없는 것이며 재무제표만 분석한다고 되는 것도 아니다.
가치투자법은 그 방법만으로도 엄청나게 많은 분량의 책을 낼 만큼 방대하지만 여기서는 기본적인 내용만 다루고 실전 투자에 어떻게 접근할 것인가에 대해서만 언급하도록 하겠다.

투자를 할 때 재무제표를 완전하게 파악하고 있다고 주식을 잘 하는 것은 아니다. 재무제표를 무척 잘 분석하고 이것으로 투자를 한다면 재무제표 분석 전문가가 주식을 제일 잘해야 하겠지만 실전에서는 꼭 그렇지 않다는 것을 필자는 경험을 통해 너무나 많이 봐왔다.
하지만 이 재무제표를 모른다면 차트투자를 하든 가치투자를 하든 엄청난 위험성을 가지고 이 시장에 접근하는 것이다.
재무제표 안에는 기업의 흥망성쇠가 그대로 녹아 있기 때문에 어떤 방식으로 하든 이 재무제표에 대한 기본적인 내용은 필히 습득하고 넘어가야 한다.
이번 장에서는 이 재무제표 분석에 있어 실전 투자와 관련된 아주 기본적이고 핵심적인 내용만 다루도록 하겠다.
또한 이 재무제표를 보며 기업의 가치를 어떻게 판단하고 가치 판단에 따른 주가를 어떻게 산정하는가에 대해 공부할 것이다.
즉 우리는 실전에 임할 때 이 재무제표 분석으로 이 기업의 주가를 예측하고 투자하는 핵심적인 것들과 핵심적이라고 하는 것들이 왜 중요한가에 대해 알아보도록 하자.

이제부터 가장 기본적이며 핵심적인 재무제표 분석과 이론주가 구하기를 해보도록 하겠다.

1. 재무제표의 이해

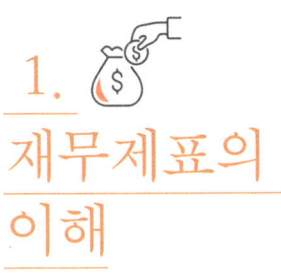

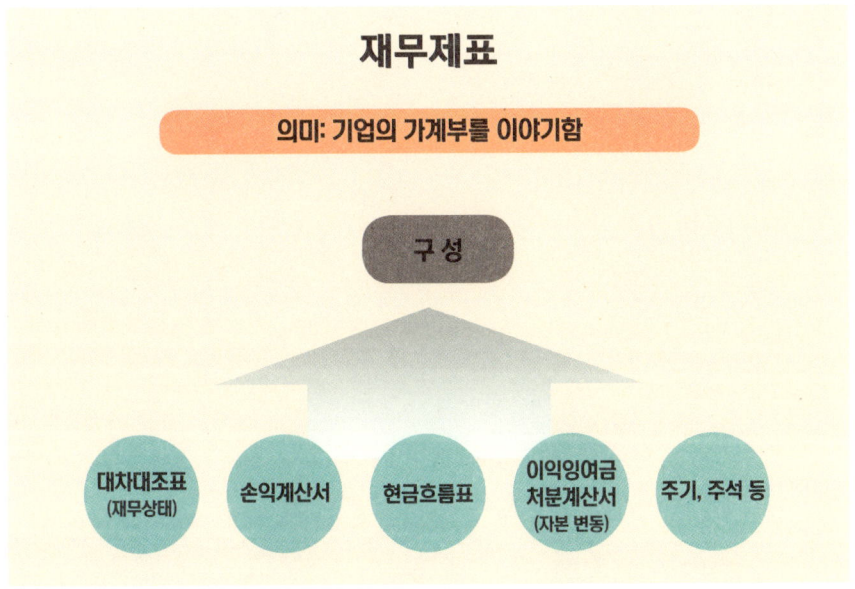

우선 재무제표는 기업의 가계부를 의미하는 것이다.

이 가계부는 아래와 같이 크게 다섯 가지 항목으로 구성된다.
1. 대차대조표(재무상태표) 2. 손익계산서 3. 현금흐름표 4. 이익잉여금처분계산서(자본의 변동) 5. 주기, 주석 등

2. 대차대조표란?

우선 대차대조표를 들여다 보자.

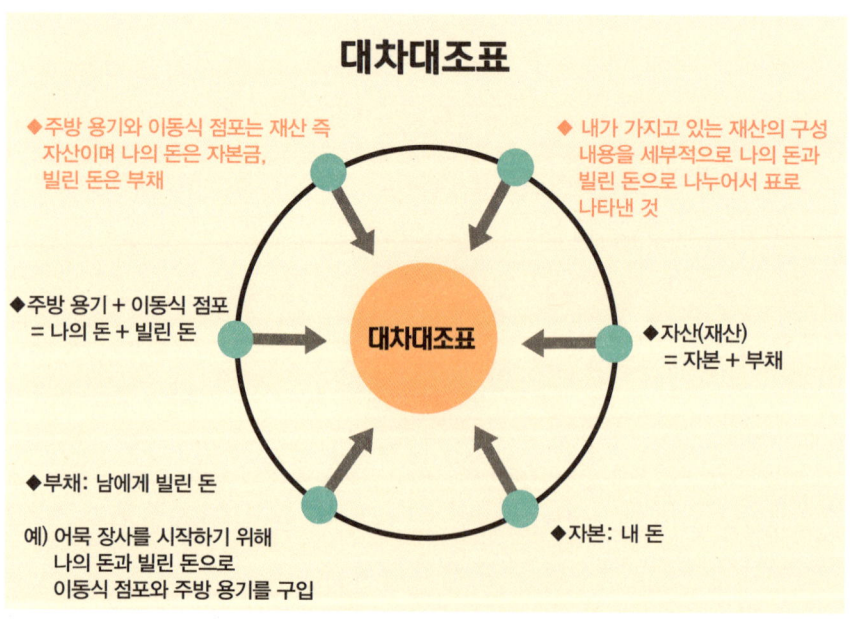

대차대조표는 내가 가지고 있는 재산의 구성 내용을 아주 세부적으로 나의 돈과 빌린 돈으로 나누어서 표기한 표다.

우리가 회사를 설립하거나 사업을 시작할 때 가장 좋은 방법은 100% 내 돈으로 하는 것이다.
그러나 일반적으로 100% 자기 돈만으로 하기가 여의치 않기 때문에 누군가에게 돈을 빌리게 되는데 이렇게 남에게 빌린 돈을 대출을 받은 돈이라 해서 대출금이라고 표현한다.
즉 초기 사업 자금의 재원은 내 돈과 빌린 대출금인데 이것을 우리는 자산이라고 한다.
즉 자산의 구조를 살펴보면, 내 돈과 남의 돈을 다 합친 것으로 내 돈을 자본금이라고 하고 남의 돈 즉 대출받거나 빌린 돈을 부채라고 한다.

자산 = 자본 + 부채

대차대조표는 일단 이것만 알아두도록 하자. 대차대조표는 기업의 안정성과 밀접하게 연관되어 있다고 보면 된다.

3. 손익계산서란?

 우리가 조금 더 중점적으로 다룰 부분이 바로 이 손익계산서와 관련된 부분이다.
 이 손익계산서는 결국 기업의 가치를 논하는 가장 중요한 부분이 되기 때문에 조금은 알고 지나가야 할 것이다.
 기업이 돈을 벌지 못하고 계속 적자를 내게 된다면 결국 망하게 될 것이고 곧 망할 회사에 높은 가치를 부여할 수 없을 것이다. 반면에 끊임없이 수익성이 좋아지고 이익이 증가한다면 그만큼 회사는 시장에서 주목을 받으며 기업가치는 상승하고 주가는 올라갈 것이다. 따라서 기업가치를 찾고 그 회사의 적정 주가를 찾고자 한다면 이 수익성 부분인 손익계산서의 기본적인 내용은 확실하게 알고 가야 한다.

 손익계산서의 주요 항목은 매출액과 영업이익, 세전계속사업이익, 당기순이익인데 매출액이란 매상을 말하는 것이다. 매상이란 오늘 내가 물건을 팔아서 번 돈 모두를 말하는 것으로 기업이 물건을 만들고 영업을 해서 벌어들인 총금액을 매출액이라 한다.

영업이익이란 매출액에서 매출원가인 재료비를 뺀 후 거기에서 다시 일반관리비와 판매비용을 뺀 것을 말한다.

매출원가란 것은 기업이 상품을 제조하는 데 들어간 돈을 말하는 것이며, 매출총이익이란 것은 매출에서 매출원가를 빼고 남은 돈을 말한다.

판관비라는 것은 일반관리비와 판매비용을 말하는 것이다.

세전 계속영업이익은 영업이익에서 영업외손익 그리고 법인세 납부 전까지의 이익을 말하는 것이며 경상이익이라고도 한다.

영업외 수익은 기업의 주된 영업활동이 아닌 활동으로부터 발생한 수익과 차익으로서 중단사업손익에 해당하지 않는 것으로 한다.

당기순이익은 경상이익에서 특별이익, 손실, 법인세를 제외한 나머지 이익을 말하는 것이다.

손익계산서는 다음 표를 보면 기본적인 개념을 제대로 이해할 수 있을 것이다.

손익계산서

매출액: 매상(팔아서 들어온 돈), 매출총이익 = 매출액 − 매출원가

영업이익: 매상 올린 데서 재료비(매출원가)를 빼고 남은 돈, 매출총이익 − 판매비와 일반관리비

매출원가 = 재료비 뺀 돈, 판관비 = 이동식 점포 수리비와 차비 또는 자릿세

세전계속사업이익 = 영업이익 + 영업외손익, 법인세 납부하기 전의 이익, 경상이익

영업외수익: 어묵 장사를 하기 위해 내 돈 700만 원, 어머니돈 300만 원으로 시작, 이동식 점포와 기타 용기를 사고 전부 들어간 돈이 900만 원이어서 남는 돈 100만 원을 은행에 넣었더니 이자가 나왔다. 이 이자는 세전계속사업이익으로 본다.

영업외비용: 친구들과 고스톱 치다가 잃은 돈

당기순이익: 경상이익 − 특별이,손익과 법인세 낸 나머지

4. 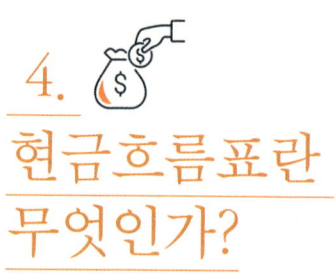 현금흐름표란 무엇인가?

현금흐름표란 영업을 하면서 실질적인 돈이 내 통장에 들어가고 나가는 것을 일목요연하게 보여주는 표다.

이 현금흐름표를 보면 현재 내가 사업을 하면서 돈이 정상적으로 잘 돌아가고 있는지 아니면 매출은 잘 발생하지만 어디에선가 돈이 생각했던 것만큼 잘 돌지 못하고 어디론가 새고 있는 것인지 등등의 실질적인 돈의 흐름을 파악할 수 있는 것이 현금흐름표다.

이 현금흐름표가 정상적이고 원활해야 사업이 안정적이고 건실하게 영위될 수 있다.

손익계산서가 실질적으로 얼마의 이익을 봤는가를 알아 볼 수 있는 것이라면 현금흐름표는 통장에 얼마가 들어오고 나가고 하는 것인지 그 과정을 나타낸 것이다.

현금흐름표는 다음과 같이 크게 세 가지로 구분된다.
1. 영업활동으로 인한 현금흐름
2. 투자활동으로 인한 현금흐름
3. 재무활동으로 인한 현금흐름

영업활동으로 인한 현금흐름은 영업을 하기 위해 내 통장에서 돈이 나갔는지 들어왔는지를 알아보는 것이다.

예를 들어 생산이나 구매, 판매활동 등의 일상적인 영업활동으로 인해 돈이 통장에 들어오면 +가 되는 것이고 통장에서 빠져나가면 -가 된다고 생각하면 되는 것이다.

조금 더 생각을 한다면 나가야 할 돈이 나가지 않으면 +가 되는 것이고 들어와야 할 돈이 들어오지 않으면 -가 되는 것이라고 할 수 있다.

예를 들어 외상으로 물건이 나가게 되면 그 돈이 언젠가는 들어오겠지만 물건은 나갔는데 외상으로 나가다 보니 나한테 돈이 들어오지 못했다면 그것은 현금흐름이 -가 되는 것이다.

조금 더 어렵게 이야기하면 물건을 팔고 나면 채권을 받게 된다. 이것을 매출채권이라 하는데 외상으로 준 것이나 매출 물건에 대해 어음으로 받는 것을 매출채권이라 한다.

물건을 팔았으면 돈이 들어와야 하는데 현금이 들어오지 않는 것이기 때문에 이 부분은 현금흐름에서는 -가 되는 것이다.

결론적으로 현금이 직접 들어오면 +, 들어와야 할 돈이 들어오지 않으면 -가 되는 것이다.

투자활동으로 인한 현금흐름

제품을 생산하기 위해 기계를 매입한 것이나 설비 투자를 한 것 등은 영업을 하고 이익을 창출하기 위해 돈을 투자한 것으로 이는 돈이 통장에서 빠져나가는 것을 의미하기 때문에 투자활동으로 인한 현금흐름은 -가 되는 것이다.

또한 돈을 빌려준다든지 단기금융상품에 투자를 한다든지 주식을 매수한다든지 하는 것 역시 이익 창출을 하기 위한 투자에 관한 것이므로 이것 역시 돈이 내 통장에서 빠져나가므로 투자활동으로 인한 현금흐름은 -가 되는 것이다.

재무활동으로 인한 현금흐름이라 하는 것은 빌린 돈을 갚아야 하는 차입금 상환, 회사에 이익이 생겼을 때 주주들에 대한 배당금 지급, 기업활동에 필요한 돈을 조달하기 위해 증자 또는 주식을 발행하는 것 등을 말하는 것으로 이 역시 통장에 돈이 들어오게 되면 +, 나가게 되면 -가 되는 것이다.

이렇게 현금흐름표는 돈의 흐름을 나타내는 것으로 기본 개념은, 통장에서 돈이 빠져 나가면 -가 되며 들어오면 +가 되는 것이고 들어 와야할 돈이 안 들어오면 -, 나가야 할 돈이 안 나가게 된다면 +가 된다.

이것들을 종합해서 판단하자면 결국 영업활동으로 인한 현금흐름은 +가 되는 것이 가장 이상적이며, 회사의 성장과 이익을 목적으로 회사의 투자 설비 증설이나 주식 매수, 돈을 빌려주는 대여금 등등의 활동으로 돈이 나가게 되는 투자활동은 -가 되는 것이 더 이상적이라 할 수 있다. 또한 재무활동으로 인한 현금흐름도 회사가 돈을 많이 벌어 회사의 차입금을 갚아 나갈 때는 -가 되어 좋은 것이며 회사의 수익성이 좋아 주주들에게 배당금이 많아 나가는 상황이 되면 역시 -가 되는 것이라 좋은 것이 된다.

만약 회사가 이익을 내지 못해 배당금을 주지 못하게 되는 상황이라면 재무활동으로 인한 현금흐름이 -가 될 수 없기 때문에 +가 되는 것이며 외부 자금을 빌려온다든지 하는 경우에는 +가 되기 때문에 재무활동으로 인한 현금흐름은 -가 되는 것이 좋은 것이다.

결론적으로 본다면 영업활동으로 인한 현금흐름은 +가 이상적이며 좋은 것이며 투자활동으로 인한 현금흐름이나 재무활동으로 인한 현금흐름은 -가 되는 것이 이상적이며 좋은상황이 되는 것이다.

현금흐름표

- 통장에 들어오고 나가고 하는 돈을 추적해서 통장 잔고와 일치하는지 보는 표
- 손익계산서: 영업해서 실질적으로 얼마나 이익을 봤느냐 하는 것
- 현금흐름표: 실질적으로 통장에 현재 얼마가 되었느냐는 과정을 나타낸 것
- 영업활동으로 인한 현금흐름: 생산, 판매, 구매 등 일상적 영업활동
- 투자활동으로 인한 현금흐름: 설비 투자, 주식 매수, 대여금, 단기 금융 상품 가입
- 재무활동으로 인한 현금흐름: 차입금, 배당금, 사채, 주식의 발행,증자
- 영업활동은 +, 투자활동은 -, 재무활동은 -가 가장 이상적인 현금흐름

5. 가치 찾기의 기본 개념 정립

이제는 본격적인 가치 찾기 부분으로 들어가보자.

우선 기업의 가치와 그에 따른 적정 주가라는 부분은 그 분석법이 굉장히 다양하고 때론 난해하고 복잡하기까지 하다.

우리는 여기에서 학문적인 접근을 하지 말고 실전에서 가장 간단하고 쉬운 분석법을 알아보고자 하는데 이 부분을 알고자 함에 앞서 몇 가지 기본적인 가치 분석을 위한 기본 지표만 공부하기로 한다.

지표에는 크게 안정성 지표, 수익성 지표, 활동성 지표, 성장성 지표, 현금흐름표 등이 있는데 이미 현금흐름표는 전장에서 다루었기 때문에 그 부분은 제외하고 나머지 부분의 핵심만 짚고 넘어가도록 하자.

- 안정성 지표

안성정 지표는 그 회사가 망할까 망하지 않을까를 살펴보는 지표다. 말 그대로 이 회사에 투자를 하는 게 안전한지를 따져보는 지표가 되는 것인데 가장 중요한 것이 이 회사가 열심히 돈을 잘 벌고 해서 처음 시작할 때 빌린 돈을 얼마나 잘 갚아나가고 있는지 그리고 추가적으로 돈을 더 빌렸는지, 빌리면 왜 빌렸는지 등을 알아보는 지표인 것이다.

회사의 자본 구조가 튼튼한지, 부채를 갚을 능력이 있는지, 기업을 영위하기 위한 자기자본의 비율이 얼마나 되는지 등등을 알아보는 것이다.

- 활동성 지표

활동성 지표라는 것은 상품을 팔고 매출이 발생했을 때 그 매출 발생분이 현금으로 들어온 것인지 아니면 매출채권으로 들어온 것인지를 확인하는 지표다. 현금으로 들어오게 되면 아무런 문제가 안 되지만 외상으로 팔린 대금일 때는 매출채권으로 들어오게 되는데 이 매출채권의 회수가 얼마나 잘 되었는지를 알아보는 매출채권회전율, 상품에 대한 적정 재고를 얼마나 적절하게 관리하고 있는가를 보여주는 재고자산회전율 등이 활동성 지표다.

- 성장성 지표

성장성 지표는 이 회사가 얼마만큼 커나가고 있는가를 알아보는 지표로 매출액이 계속해서 증가하는지, 사업이 어려워져 매출액이 계속 감소하는

지를 알아볼 수 있다. 또한 매출이 늘면서 기업의 이익도 따라서 늘어나는지, 매출은 늘지만 생산을 하면 할수록 손실이 더 발생하는지, 매출은 늘지만 이익은 계속해서 줄어들고 있는지 등 영업이익이 증가하는 비율들도 알아볼 수 있다.

즉 이 성장성 지표는 이익률이 아니라 이익증가율을 이야기하는 것이다. 이익률과 이익증가율은 어떻게 다른지는 따로 설명하지 않더라도 그 개념 정도는 이해하고 있다고 보고 추가적인 설명은 하지 않겠다.

- 수익성 지표

 마지막으로 수익성 지표가 있는데 이 수익성 지표는 회사가 이익을 창출해서 이익을 남기는 이익률을 이야기하는 것이다. 즉 이익률이 수익성 지표가 된다.

 결론은 기업은 이 이익을 창출하지 못하는 상황이 발생하게 되면 망하게 되는 것이고 이익을 많이 창출할수록 기업이 커나갈 확률이 크며 이익을 창출하지 못하게 되면 기업은 적자 상태가 되며 적자가 지속적으로 반복되면 기업은 결국 문을 닫을 수밖에 없을 것이다.

 그렇기 때문에 다른 지표가 아무리 좋더라도 수익성 지표가 좋지 못하면 그 기업은 결국 위험할 수밖에 없게 되고 기본적으로 기업의 이익 창출이 실현되어야만 그 뒤에 오는 안정성 지표, 활동성 지표, 성장성 지표, 현금흐름이 좋아지는 것이다.
 이 기업이익이 창출되지 못하는 상태에서는 다른 어떤 지표도 좋아질 수 없으며 설사 좋은 모습이 현재 나오더라도 수익성 지표가 계속해서 나빠진다면 결국 다른 지표들도 연쇄적으로 나빠질 수밖에 없다는 생각이 필자의 기본 개념이다.

6. 주가의 가치 찾기

　기업의 적정 가치를 찾기 위해서는 위에서 말한 여러 가지 지표를 혼합해서 기업가치 분석을 위한 몇 가지 지수를 따로 만들어서 그 지표를 기준으로 가치 분석에 들어가는데 기업가치를 분석하고 적정 주가를 찾는 데 뿌리가 되는 부분이 결국은 기업의 이익 부분이라는 것만 머릿속에 확실히 새겨두면 가치 분석에 대한 이해의 절반은 끝났다고 볼 수 있다.

　거래소나 코스닥에 상장한 회사에서 가장 기본적인 것이 바로 현재 주가다.
　현재 주가가 어제보다 올랐는지, 내렸는지 한 달 전에 비해 현재의 주가가 올랐는지, 내렸는지가 아주 중요한데 바로 오늘의 주가 즉 현재가가 아주 중요한 것이다.
　그리고 상장사라는 것은 바로 주식을 발행해서 시장에 상장되는 회사이기 때문에 현재 기업의 가치는 과연 얼마인지를 아는 것이 중요한데 바로 오늘 이 시간 이 회사의 가치는 바로 이 기업의 상장 주식 수가 몇 주인가를 알고 현재의 주가를 곱해 버리면 나온다.

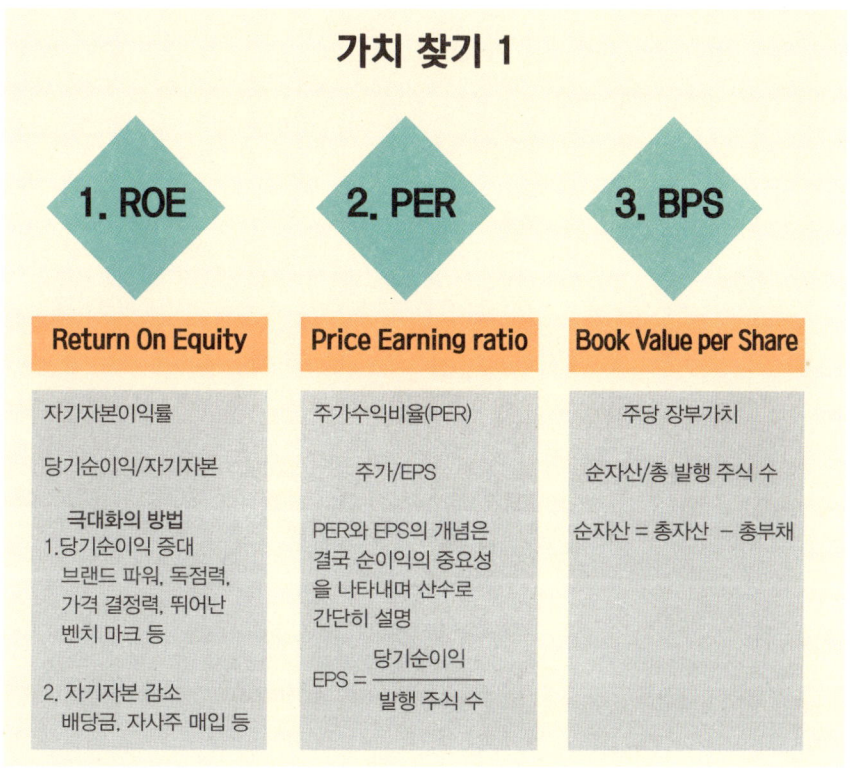

이것을 우리는 이 회사의 시가총액이라고 하는데 바로 주식의 현재 시장가 총액의 줄임말로 주가의 현재 시장가×발행 주식 총수인 것이다.

시가총액 = 발행 주식 수×주가(현재 시장가)

* EPS = 주당순이익

주당순이익이라는 것은 해당 연도의 당기순이익을 해당 연도까지의 발행 주식 수로 나눈 값을 말한다.

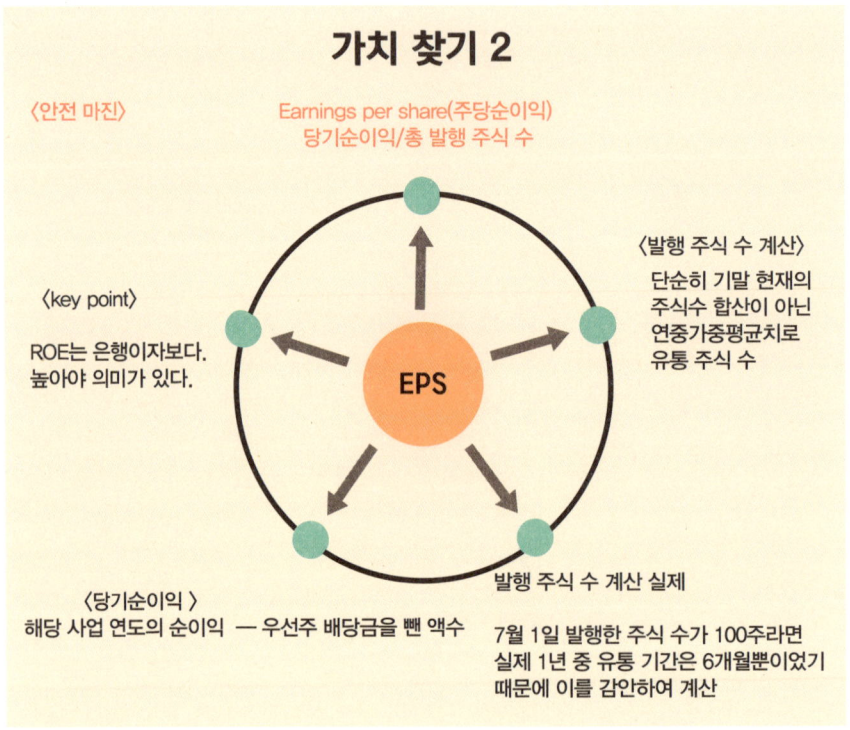

*PER: 주가수익비율

PER은 주가를 주당순이익으로 나눈 값을 말하며 다른 말로는 시가총액을 당기순이익으로 나눈 값이다.

즉 주가 곱하기 발행 주식 수는 시가총액이 되는 것이고 주당순이익 곱하기 주식 수는 당기순이익이 되는 것이기 때문에 시가총액을 당기순이익으로 나눈 값이라는 것이다.

PER을 가장 쉽게 설명하자면 내가 어떤 회사를 인수했을 때 본전을 회수하는 데 소요되는 기간이라고 할 수 있다.
즉 내가 100억짜리 회사를 샀고 그 회사의 매년 당기순이익이 20억이라고 할 때 나는 5년이면 본전을 찾을 수 있을 것이다. 즉 PER이 5인 셈이다.
시가총액을 당기순이익으로 나눈 값이 5가 된다는 것이며, 이는 기업 매수 금액을 5년에 회수할 수 있음을 의미한다.

일반적으로 기업의 적정 주가나 평가를 할 때 이 PER이 얼마가 되어야 싸다고 하는지에 대해서는 의견이 많다.
어떤 이는 PER이 10 미만이면 저평가되었다고 하고 또 어떤 이는 5 미만이어야 싸다고 하는 등 아주 다양한 말들이 있다.

주식 투자를 하는 사람들의 공통된 사고방식이라면 최소한 은행이자보다는 높은 수익률이 나와야 한다고 생각하는 것이다.
은행이자보다 낮은 수익률이면 주식 투자보다 은행에 적금을 들어두는 게 더 큰 수익률이 나오기 때문에 투자자의 입장에서 본다면 최소한 은행이자 이상이 되어야 한다는 것은 누구나가 공통적으로 가지는 생각이다.
이렇게 볼 때 PER 5라는 것은 20%의 이자율로 계산할 수 있으며, PER 10이라는 것은 10%의 이자율이라고 볼 수 있을 것이다.

그렇다면 2019년 10월 현재 기준금리를 연 1.25%라고 볼 때 위에서 배운대로라면 은행이자 기준으로 PER가 80 이하인 경우에는 싸다고 해야 한다.

하지만 어떤 회사의 PER이 80 이하일 때 싸다고 하는 투자자는 없을 것이다.

예전에 적정 주가 논란이 많이 벌어졌을 때나 한국에 가치투자 열풍이 불었을 때(그 당시 연 이율이 5% 내외로서 상당히 높았음) PER 20 이하를 기준으로 잡고 거기서 또다시 아주 보수적으로 잡았을 때 10년을 주기로 10이면 적정 주가가 되는 것이며 5 정도면 아주 저평가되었다고들 하는 내용이 많이 돌아다녔는데 필자는 그 역시도 정확한 기준은 아니라고 생각한다.

하지만 그래도 적정 주가를 찾기 위해서는 변치 않는 기준을 한 가지 정하고 왜 그것을 기준으로 하는지에 대해서 알고 있어야 한다. 따라서 추후 각각의 가치 찾기 지수를 통해 가장 기본적인 적정 주가를 한 번 찾아보도록 하자.

필자는 적정 주가 찾기에서 바로 수익성 지표를 가장 중요시하고 이를 통해 적정 주가를 찾는다는 것만 다시 한 번 강조하도록 하겠다.

* ROE: 자기자본이익률

자기자본이익률이라는 것은 순수하게 자기자본에 대한 이익률이다.

이전에 우리는 사업을 할 때 자산이라는 개념을 배웠다.

자산이라는 것은 자기자본에다 부채를 합한 것이 자산이다.

100억짜리 회사를 인수한 후 그 회사가 당기순이익이 20억 발생한다면 난 5년이면 본전을 회수할 수 있다는 것이 PER의 개념이었다면 ROE의 개념은 20억 당기순이익 중에서 나에게 이익이 되는 것이 얼마인가에 대한 부분이다.

자기자본이익률이라는 것은 당기순익에 대해 순수한 내 돈인 자기자본만을 생각할 때 발생하는 이익을 말하는 것이다.

즉 100억짜리 회사를 인수한 후 이 회사가 당기순이익을 20억씩 낸다고 했을 때 순수하게 내 돈으로 이 회사를 샀다면 당기순이익인 20억, 내 돈 100억 해서 ROE는 20%가 나오지만 그 회사를 내 돈 50억과 남의 돈(부채) 50억으로 총 100억을 만들어 샀다면 순수하게 나에게 오는 이익률은 그 두 배인 40%(20억/50억)다.

이렇듯 이 ROE라는 것은 당기순이익에서 자기자본을 나눈 값을 말하는 것이다.

이 자기자본이익률은 상식적으로 생각할 때 높으면 좋아 보이지만 위에서 보는 바와 같이 부채 비율이 높고 자기자본 비율이 낮아지면 자기자본이익률이 높게 나온다는 것이 확인되었다. 그러나 부채 비율이 과도하게 높다면 이 또한 안정성에 문제가 있을 수 있다. 이 점은 반드시 알고 넘어가야 한다.

*PBR: 주당순자산

자산가치로 본 지표로는 PBR을 주로 사용하게 된다.

PBR은 시가총액을 순자산으로 나눈 값이다. 순자산이란 총자산에서 총부채를 뺀 금액이다.

$$PBR = \frac{시가총액}{순자산(총자산-총부채)}, 또는 주가를 주당순자산으로 나눈$$

값이다.

$$PBR = \frac{주가 \times 발행\ 주식\ 수}{주당순자산 \times 발행\ 주식\ 수}$$

여기서 주당순자산(BPS)이란 순자산에서 발행 주식 수를 나눈 값이다.

$$BPS = \frac{순자산}{발행\ 주식\ 수}$$

PBR = 주가/주당순자산으로 이 지표는 현재 거래되고 있는 주식이 기업이 보유하고 있는 자산 대비 얼마만큼 가치를 인정받고 있느냐에 대한 것이다. 즉, 이 기업을 사자마자 얼마만큼의 자산을 가질 수 있는가를 알 수 있는 지표다.

100억짜리 기업을 샀을 때 순자산이 100억이라면 PBR은 1이 되는 것이고, 순자산이 200억이면 PBR은 0.5가 되는 것이다.

이 말은 가산가치로만 봤을 때 PBR이 1인 경우에는 적정하다고 말하는 것이고 1보다 낮게 나오면 저평가되어 있다는 뜻으로 풀이된다.

일반적으로 1 이하의 PBR을 저평가되었다라고 한다.

7. 이론 주가 찾기

지금까지 앞으로 우리가 구해야 할 적정 주가를 알아보기 위해서 가장 기본적인 수익성 지표와 자산가치 지표에 대해 공부해보았다.

이제부터 우리는 이것을 기준으로 기업의 이론상 주가를 구해보도록 하자.

시가총액은 발행 주식 수×주식 수라고 하였다. 이 말은 다음과 같다.

여기서 식을 한 번 정리하고 넘어가도록 하자.

$$PER = \frac{시가총액}{당기순이익}$$

시가총액 = 주가 × 발행 주식 수

당기순이익 = 주당순이익 × 발행 주식 수

$$PER = \frac{시가총액}{당기순이익} = \frac{주가 \times 발행\ 주식\ 수}{주당순이익 \times 발행\ 주식\ 수} = \frac{주가}{주당순이익(EPS)}$$

주가는 PER×EPS로 산출할 수 있다.

 이것을 토대로 현재 주가를 당해 연도 예상 EPS와 예상 PER로 곱해서 구하면 된다.

 하지만 일반적으로 개인이 실적을 예측한다는 것은 상당히 어려운 일이기 때문에 우리는 각 증권사의 애널리스트들이 추정한 예상한 평균치를 토대로 HTS 상에 나오는 Financial 보고서를 통해 알아볼 수밖에 없다. 이 또한 분기별 예상 PER은 거의 제공되지 않는 경우가 많으며 제공된다 하더라도 연도별 PER만 제공되거나 지난 연도 또는 지지난 연도의 PER만 제공되기 때문에 이것만으로는 이론상 주가를 산출하기가 어려울 수 있다.
 또한 좀 더 중요한 정보를 얻기 위해서 유료로 제공되는 애널리스트들의 리포트를 참고할 수도 있겠지만 증권사나 애널리스트들의 예상 실적이 각기 다르기 때문에 우리는 하나의 통합된 HTS 상의 파이낸셜 리포트를 기준으로 잡기로 한다.

이론주가 계산법

[수익성 기준]

주가 = 예상 PER × 예상 EPS

[자산 기준]

주가 = 예상 BPS × 예상 PBR

[이익 기준]

1. 시가총액 = 당기순이익×10(10은 PER 일반적으로 10을 기준으로 한다. 영업이익으로 할 때는 PER의 8배 적용)
2. 주가 = EPS×PER
3. 주가 = (당기순이익/발행 주식 수)×PER
4. 주가×발행 주식 수 = 당기순이익×PER(일반적으로 10을 기본으로)
5. 주가×발행 주식 수 = 시가총액
6. 즉 시가총액 = 당기순이익×PER 10은 같아져야 하는 것이다.
7. 그러나 시가총액과 당기순이익×10과의 괴리가 발생, 그것을 이용하여 적정 주가를 구한다.
8. [(당기순이익×10) − 시가총액)/시가총액]×100만큼 주가 상승 여력이 있음.
9. 여기서 +가 나오면 현재 주가에서 그만큼 더 올라가야 적정 주가가 되는 것이다.

예를 들어 셀트리온의 경우를 보도록 하자.

2019년도 셀트리온의 예상 EPS는 2,732원으로 나오고 PER 예상치는 75.95로 나오고 있다.

그럼 이론주가는 2,732×75.95를 해서 207,500원 정도가 이론상 주가가 되는 것으로 2019년 3월 5일 종가 기준으로는 210,000원이다.

셀트리온의 이론주가

IFRS(연간)	2013/12	2014/12	2015/12	2016/12	2017/12	2018/12(E)	2019/12(E)	2020/12(E)
매출액	2,262	4,710	6,034	6,706	9,491	9,821	11,622	15,472
영업이익	998	2,015	2,590	2,497	5,220	3,387	4,346	6,289
당기순이익	1,025	1,175	1,583	1,805	4,007	2,536	3,418	5,003
지배주주순이익	1,025	1,127	1,541	1,780	3,994	2,618	3,428	5,022
비지배주주순이익	0	48	42	25	14			
자산총계	19,785	23,224	27,482	30,219	34,587		39,610	44,759
부채총계	8,914	9,746	9,384	8,230	8,871		8,480	8,601
자본총계	10,871	13,478	18,098	21,990	25,716		31,128	36,158
지배주주지분	10,871	12,474	16,942	20,536	24,246		29,804	34,838
비지배주주지분	0	1,004	1,156	1,453	1,470		1,323	1,320
자본금	1,005	1,036	1,124	1,166	1,227		1,270	1,277
부채비율	81.99	72.31	51.85	37.43	34.50		27.24	23.79
유보율	1,116.85	1,182.93	1,480.61	1,663.32	1,918.08			
영업이익률	44.14	42.77	42.91	37.24	55.00		37.39	40.65
지배주주순이익률	45.29	23.92	25.54	26.54	42.08	25.82	29.49	32.46
ROA	5.52	5.46	6.24	6.25	12.37		9.00	11.86
ROE	9.59	9.65	10.48	9.50	17.84		12.16	15.54
EPS (원)	916	941	1,244	1,426	3,195	2,087	2,732	4,003
BPS (원)	10,219	11,089	14,335	16,466	19,787		24,162	28,174
DPS (원)	0	0	0	0	0		20	20
PER	35.61	36.83	62.39	72.57	68.02		75.95	51.84
PBR	3.19	3.13	5.41	6.29	10.98		8.59	7.37
발행주식수	119,681	119,824	123,966	124,864	125,108			
배당수익률	0.00	0.00	0.00	0.00	0.00			

1. 주가 = 예상 PER × 예상 EPS
2. 2019년도 셀트리온의 적정 주가는 207,500원이다.(19.03.05일 종가 210,000원).

다음은 자산가치로 본 주가를 계산해 본 식이다.

PBR(주가순자산비율) = (주가×발행 주식 수) / (주당순자산×발행 주식 수)를 말하는 것이며, BPS(주당순자산) = 순자산 / 발행 주식 수를 말하는 것으로 이 식을 주가를 기준으로 만들면 주가 = PBR×BPS가 된다.

위와 같이 자산가치로 본 이론상의 주가는 2019년 예상 PBR × 예상 BPS를 곱해서 계산하면 되는 것이다.

위 도표에서 PBR은 8.59가 나오고 BPS는 24,162가 나오며 둘을 곱하게 되면 207,511이 나오게 되는데 이것이 바로 자산가치로 본 이론주가가 되는 것이다.

HTS 상에서 표기되는 각종 항목의 PBR, BPS, PER, EPS 값은 그날그날의 주가 종가에 따라 결과치가 매일매일 다르게 반영되어서 표기된다는 것을 명심하자.

ROE는 보유한 자기자본으로 얼마만큼의 이익을 만들어내는가를 보여주는 지표인데 위에서 배운 수익 개념인 PER과 자산 개념인 PBR과는 달리 이는 수익과 자산 개념을 조합한 것으로 달리 표현하자면 자본으로 수익을 창출한다는 개념으로 보면 이자율과도 같은 개념이라고 생각해도 된다.

즉 이 개념은 주식 투자에서 은행이자보다는 무조건 높아야만 하며 채권 투자나 펀드 투자보다 높아야 바람직한 선택이 된다는 것이다.

이 ROE는 적정 주가를 계산하는 데 아주 중요한 지표가 된다.
ROE에 대해 조금만 더 알아보도록 하자.

ROE는 매출과 총자산 그리고 자기자본과 관련된 지표를 포괄적으로 함축하고 있는 지표이기도 하다.

우선 매출 관련 지표로 매출액순이익률이라는 것이 있는데 이는 당기순이익을 매출액으로 나눈 값을 말한다.

$$매출액순이익률 = \frac{당기순이익}{매출액} \times 100$$

그다음 총자산에 관한 것으로는 총자산회전율이 있는데 이는 매출액을 총자산으로 나눈 값을 말하는 것이다.

$$총자산회전율 = \frac{매출액}{총자산}$$

마지막으로 자기자본 관련 지표로는 자기자본비율이라는 것이 있는데 이는 자기자본을 총자산으로 나눈 값을 말한다.

$$자기자본비율 = \frac{자기자본}{총자산}$$

여기서 위 식들을 전부 연산해보도록 하자.

매출액 순이익률×총자산회전율 / 자기자본비율로 연산을 해보면 다음과 같은 식이 도출된다.

$$\frac{당기순이익}{매출액} \times \frac{매출액}{총자산} \times \frac{총자산}{자기자본}$$

여기서 정리할 것을 정리하고 나면 결국은

$$\frac{당기순이익}{자기자본}$$

이 나오게 되고 이는 곧 자기자본이익률인 ROE가 되는 것이다.

이 ROE는 자산과 수익성 모두를 담고 있는 아주 중요한 지표이기도 하며 또한 매출, 총자산, 자기자본의 집합체인 개념이기 때문에 필자는 지표를 분석할 때 이를 아주 중요하게 활용한다.

또한 자산과 관련되어 있기 때문에 기업가치를 구할 때 ROE와 PBR의 상관 관계를 아주 중요하게 생각하며 주가를 판단하는 편이다.

5장

실전에서
유용한 매매기법

1. 일목균형

일목균형은 일목산인(이치모쿠 산징, 일본의 주가 차트 전문가의 필명)이라는 사람이 만든 지표로 대한민국 주식시장에서 무척 많이 사용되는 보조지표다.

필자는 이 일목균형을 10년 이상 공부·연구하고 누구보다도 잘 해석한다고 자부하지만 완벽한 해석을 자유자재로 할 수 있다고 확신할 수가 없을 정도로 난해한 지표다.

어떤 것이든 이론적으로 완벽하게 안다는 것과 그걸 실전에 완전무결하게 사용한다는 것은 개념 자체가 다르다.

이 일목균형은 특히 파생상품에서도 아주 많이 이용되는 주요 지표인데 여기에서는 어렵고 복잡해서 실전에서 사실상 적용하기 어렵고 신호의 실패도 많아서 이렇게 해석될 수도 저렇게 해석될 수도 있는, 애매한 이론적인 기법말고 정말 꼭 필요하고 지켜야만 하는 것들만 알아보도록 한다.

이 일목균형 전반부의 내용은 간단하지만 핵심적인 부분으로 필자의 핵심 매매기법에서 주로 응용되고 적용되는 기법이기 때문에 그 기초는 분명히 튼튼하게 다져놓고 가야 하며, 따라서 전반부 기초 핵심 명칭과 의미는 확실하게 파악하고 넘어가야 한다.

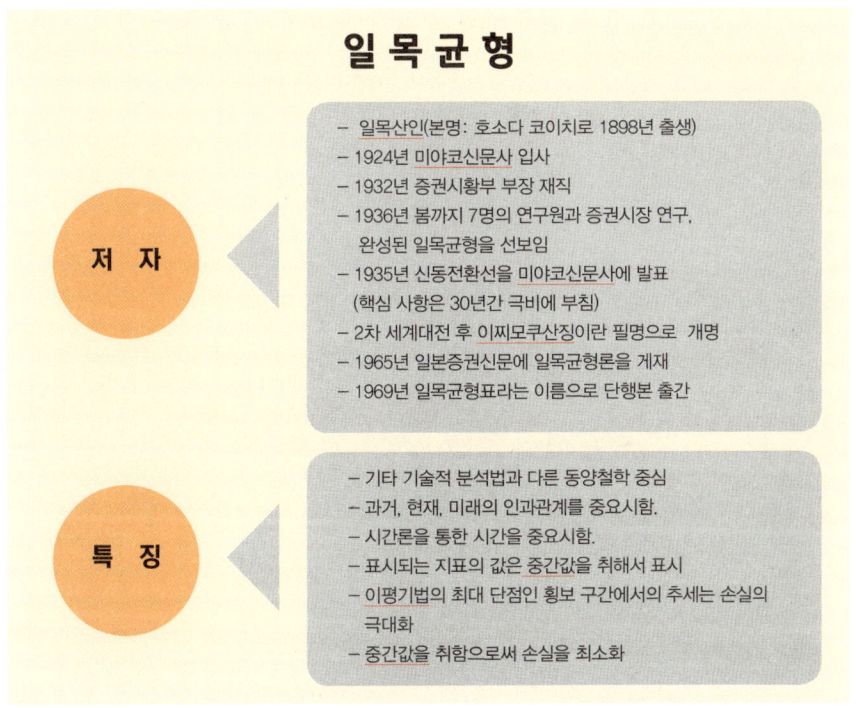

일목균형표는 크게 전반후, 후반부로 나누어지는데 전반부는 비교적 간단하고 이해하기도 쉬우며 그 매매기법에 일반인들이 접근하기가 쉬운 경향이 있다.

그러나 후반부로 가면 굉장히 응용 범위가 넓어지고 해석 내용도 엄청나게 많이 나오며 복잡하기 때문에 쉽게 접근하기 어려운 부분이다. 이 일목균형처럼 어렵고 복잡하고 다양한 기법이 나오는 지표도 아마 없을 것이다.

그래서 필자는 이 부분을 간단하게 일반 투자자들이 실전에 가장 단순하지만 그 신뢰성이 높은 핵심 매매 기법만 소개하도록 하겠다.

우선 일목균형에서 꼭 알아야 할 선이 몇 가지 있는데 이는 전환선, 기준선, 선행스팬 1, 선행스팬 2, 후행스팬이다. 이것들의 기본 개념만 알면 되겠다.

- 구성 요소

일목균형의 구성 요소들

1. 전환선: 당일 포함 과거 9일간(최고가 + 최저가) /2
2. 기준선: 당일 포함 과거 26일간(최고가 + 최저가) /2
3. 후행스팬: 현재의 주가를 과거 26일 뒤에 표시한 선
4. 선행스팬 1: (전환선 + 기준선)/2 → 26일 앞에 표시한 선
5. 선행스팬 2: 과거 52일간(최고가 + 최저가)/2 → 26일 앞으로 표시한 선
6. 구름층: 선행스팬 1과 선행스팬 2 사이 공간
7. 기운대: 선행스팬 1, 2의 위치에 따른 양운, 음운의 구분
8. 시간론: 9, 17, 26, 33, 42, 65, 76, 129, 172, 226, 257, 676 등의 변곡일
9. 가격론: V, N, E, NT, S, Y, P
10. 파동론: I, V, N, P, Y
11. 형보론: 음련, 양련, 음/양 개재, 순동, 불순동

우리는 앞에서 기술적 분석을 배웠다. 이 기술적 분석과 일목균형을 비교하면서 공부하면 더욱 쉽게 이해할 수 있을 것이다.

이동평균선은 서양에서 출발한 분석법으로 현재 시점을 기준으로 분석한 것이라면 이 일목균형에서 나타내는 지표는 과거와 현재 미래의 지표를 동시에 담고 있다고 봐야 한다.

그렇기 때문에 현재 시점만을 기준으로 분석한 지표보다 복잡하고 다양하며 어려운 지표일 수도 있다.

- 기술적 분석과의 차이

기술적 분석과의 차이점

<기술적 분석>
이동평균선: 현재 시점

<일목균형>
전환선, 기준선: 현재 시점
후행스팬: 과거 시점
선행스팬: 미래 시점

이동평균선: 매일 주가 종가 기준 반영

전환선, 기준선: 어느 일정 기간 내의 최고가와 최저가만을 반영

기술적 분석의 이동평균선은 하나의 선으로만 나타내어지지만 일목균형에서의 선은 현재 시점을 기준으로 하는 전환선과 기준선으로 나누어지

고 미래를 기준으로 하는 선행스팬이란 선이 하나 더 만들어진다.

또한 과거를 돌아보며 주가의 움직임을 알아보는 후행스팬이라는 것을 하나 더 만들어내는데 이는 주가의 움직임에 있어 하나의 기준점을 어디에 두느냐에 중점을 둔다.

일목균형에서 26일을 분석의 기준이 되는 선으로 해서 모든 것을 해석하고 판단하게 된다.

– 특징

특징

기술적 분석(서양적 분석): 현재 시점 지표 분석
일목균형(동양적 분석): 과거/현재/미래 지표 분석

기술적 분석(서양적): 이동평균선
일목균형(동양적): 전환선, 기준선, 선행스팬, 후행스팬,

이제 각각의 선에 대해서 알아보자.

- 전환선

전환선이라는 것은 당일을 포함한 과거 9일간의 주가의 최고가와 최저가의 합을 2로 나눈 값이다.

이 전환선은 단기 지지와 저항을 나타내는 선으로 단기 추세의 흐름을 알 수 있는 지표가 된다. 또한 이는 단기 추세 전환의 중심이 되며 향후 주가를 예측할 때 다음 날의 주가 범위를 파악할 수 있게 되며, 다음 날 주가의 움직임을 미리 알아 단기 추세의 전환점인 전환선의 기울기도 파악할 수 있다.

이는 우리가 이미 이동평균선을 배울 때 당일을 포함하여 며칠 전의 주가와 오늘의 주가를 비교해서 이동평균선의 기울기를 파악하고 이평선을 기준으로 매매할 경우 추세의 움직임을 파악할 수 있는 것과 같은 이치로 봐도 된다.

전환선의 작성과 의의

당일 포함 과거 9일간(최고가 + 최저가)/2
전환 추세선, 지지와 저항
단기 추세 전환의 중심
향후 추세의 전망, 예측 및 대응
익일 주가 범위 파악, 전환선의 기울기 파악 가능

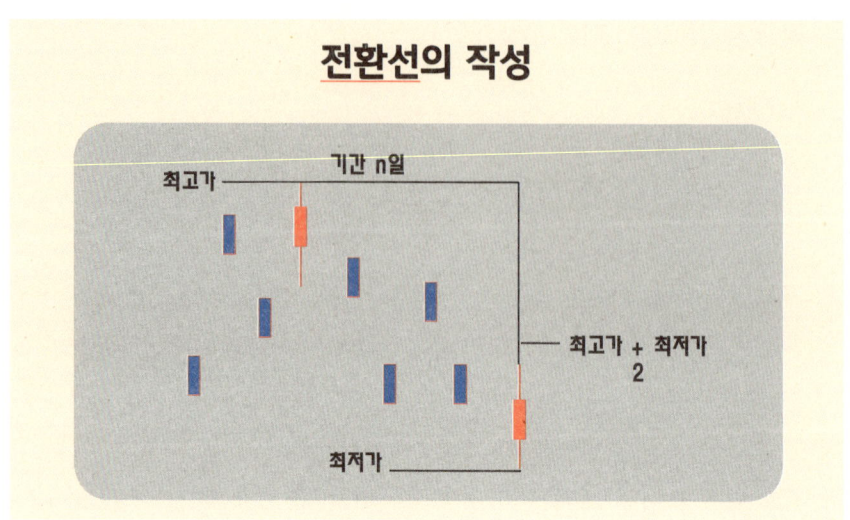

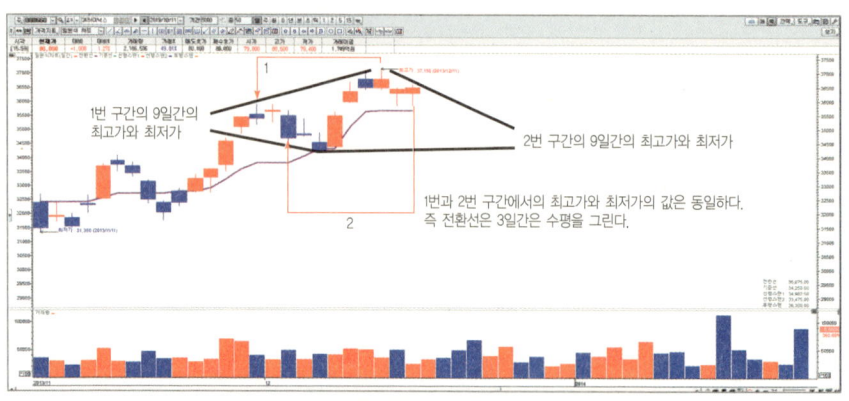

- 기준선

　다음은 기준선이다. 일목균형에서의 모든 기준은 26일을 기준으로 한다고 했다.
　그럼 당연히 기준선은 26을 기준으로 작성되는데 전환선과 마찬가지로 당일을 포함해서 과거 26일간의 최고가와 최저가를 합해서 2로 나눈 값이 기준선이다.

기준선의 작성과 의의

당일 포함 과거 26일간(최고가 + 최저가)/2
주 추세의 기준
의의 : 전환선과 동일
전환선, 기준선 하향 돌파 - 역전
전환선, 기준선 상향 돌파 - 호전

기준선의 작성

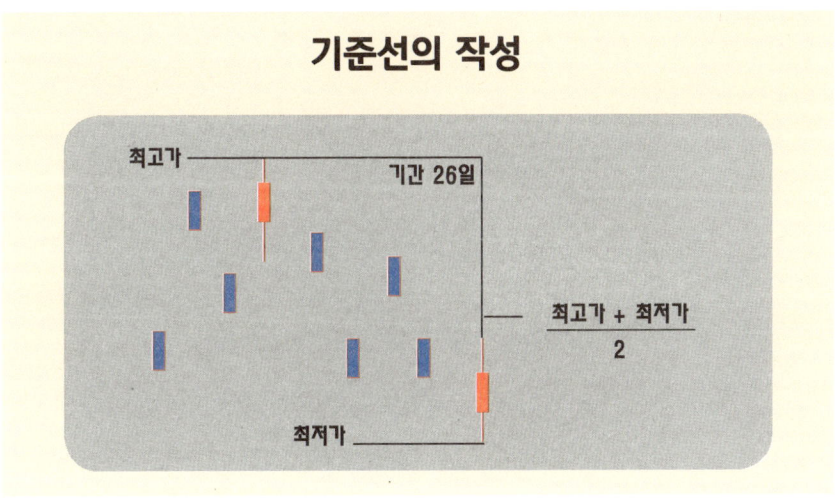

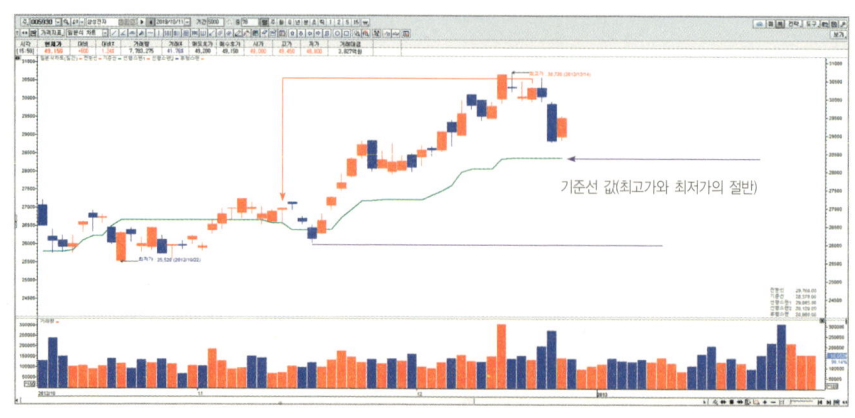

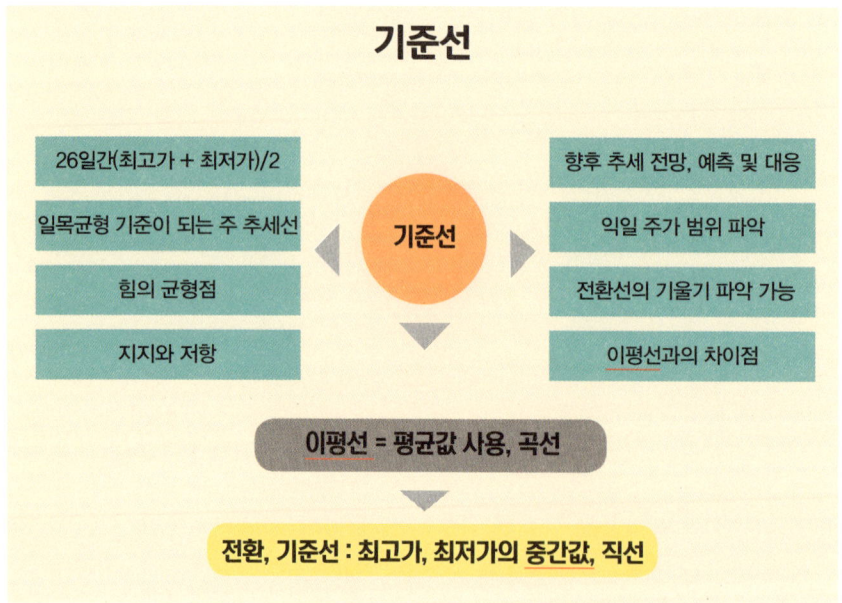

여기서 우리가 생각하고 넘어가야 하는 것이 한 가지 있는데 바로 일목균형의 전환선과 기준선 그리고 이동평균선과의 차이점이다.

이동평균선은 일정 기간 그날그날의 종가만을 기준으로 한다면 일목균형의 전환선과 기준선은 일정 기간의 최고가와 최저가를 반영해서 그 중간값을 취한다는 것이다.

일반적으로 이동평균선은 아래와 같이 작성하는데 예를 들어 9일간의 이동평균선은 9일간의 각각의 종가를 더해서 9로 나누기 때문에 이평선의 기울기는 계속해서 곡선 형태를 보이게 된다.

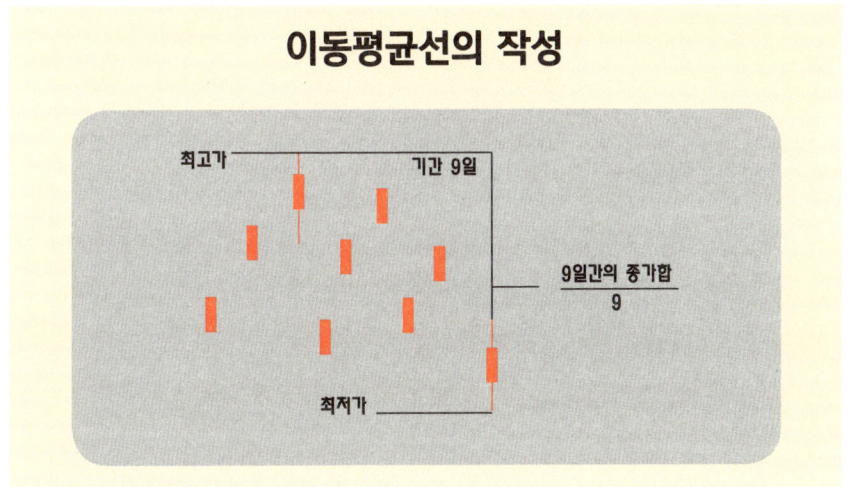

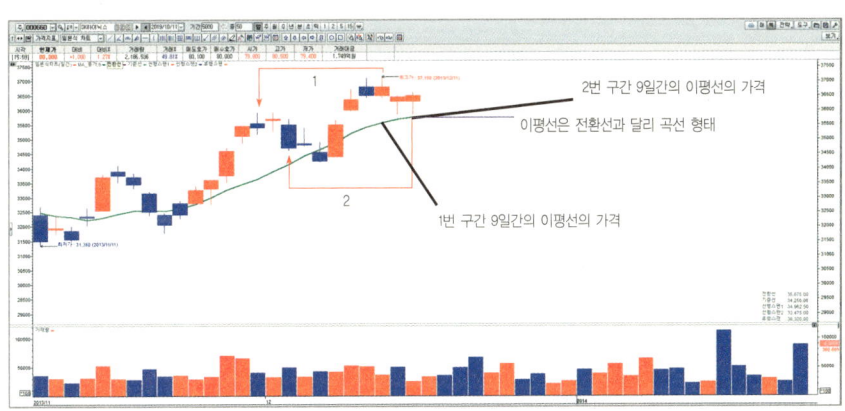

이동평균선은 하나의 곡선 형태로 표현되지만 일목균형의 전환선과 기준선은 곡선이 아닌 직선 형태의 선이 나온다는 것이다.

이 부분이 이동평균선과 전환선, 기준선의 차이점이다.

이평선을 기준으로 매매를 할 때 실전에서 가장 판단하기 어려운 구간이 바로 횡보 구간인데 이평선을 기준으로 매매할 때는 주가의 움직임이 이평선을 이탈하며 매도신호가 나왔다가 다시 돌파하며 매수신호가 연속적으로 발생되는 속임수 신호가 나올 경우가 많은데 이 일목균형의 전환선과 기준선은 최고가와 최저가의 값을 취해 중간값을 가지고 만든 직선 형태의 선이다 보니 이런 이평선에서의 횡보구간 속임수 신호의 단점을 극복할 수 있다는 것이 장점이 될 수 있다.

– 역전과 호전

일목균형에서도 이동평균선의 골든크로스와 데드크로스란 뜻으로 사용되는 말이 있는데 이는 바로 역전과 호전이란 단어다.

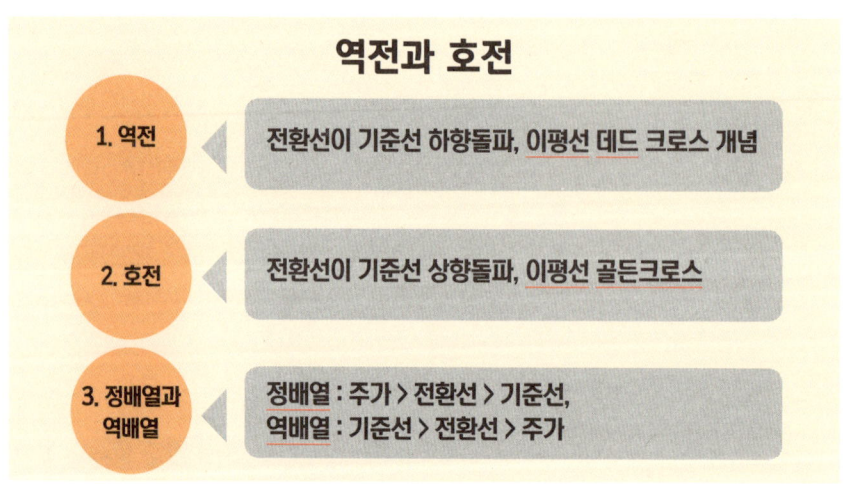

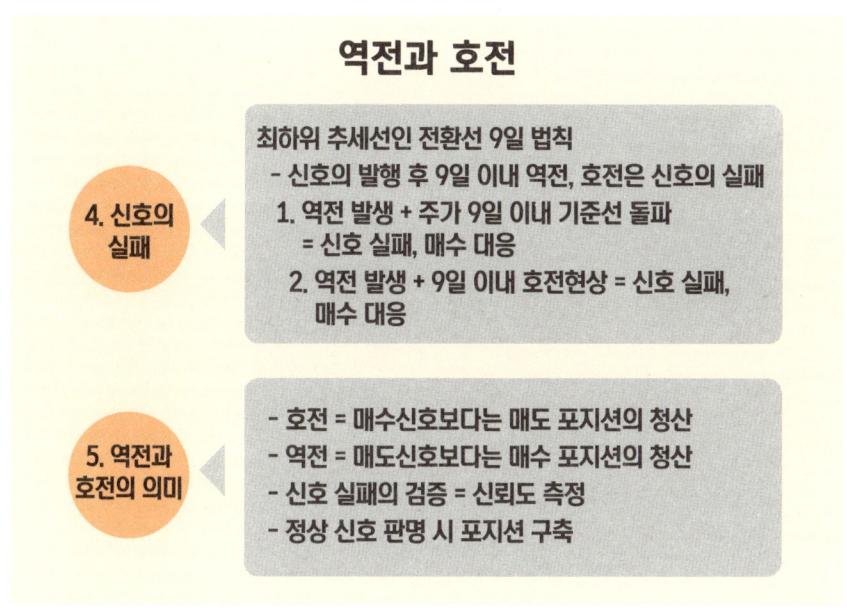

단기선인 전환선이 장기선인 기준선을 하향돌파하여 기준선의 값이 전환선의 값보다 클 때를 역전이라 하는데 이는 이동평균선의 데드크로스와 같은 의미다.

역전과 호전

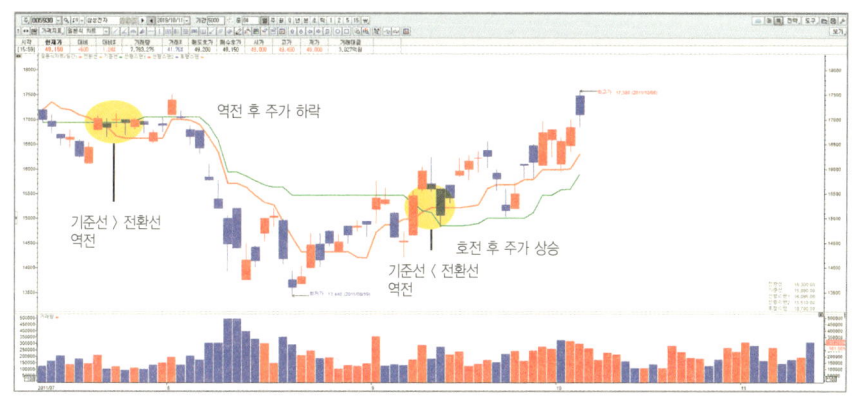

반대로 호전이란 단기선인 전환선이 장기선인 기준선을 상향돌파하여 전환선의 값이 기준선의 값보다 클 때를 호전이라 하며, 이는 이동평균선의 골든크로스와 같은 의미다.

- 선행스팬

선행스팬은 오늘 의미를 부여한 주가를 일목균형에서의 기준이 되는 날짜인 26일 앞으로 옮겨놓은 값을 연결한 선이다.
선행스팬은 선행스팬 1, 선행스팬 2로 나누는데 선행스팬 1은 오늘의 전환선과 기준선의 값을 더해서 2로 나눈 값을 26일 앞으로 옮겨놓은 것이 된다.

선행스팬이란?

▶ 오늘 주가, 26일 앞에 표시
▶ 미래 움직임 예측
▶ 선행스팬 1 = (전환선+기준선)/2
▶ 선행스팬 2 = 과거 52일간(최저가+최고가)/2

선행스팬 2는 오늘을 기준으로 과거 52일간의 최고가와 최저가의 합을 2로 나누어서 26일 앞으로 옮겨놓은 것이다.

여기에서 많은 사람이 아주 어려워하는 일이 이제 발생하게 된다.

일반적으로 이 부분을 모두 암기한 사람들은 오늘 나온 선행스팬 2의 값을 구하라고 하면 십중팔구 답을 잘못 구하게 되는데 이는 오늘 찍힌 선행스팬 2의 값의 기준은 오늘로부터 26일 전의 주가를 기준으로 과거 52일 전 최고가까지 거슬러 올라가야 한다는 것에서 실수를 많이 하기 때문이다.

즉 오늘 나온 선행스팬 2의 값은 그 시작이 과거 26일에서 52일을 더한 78~26일 전의 최고가와 최저가의 합을 구하고 나누기 2를 해서 나온 값이 오늘 표시되어 나온 선행스팬 2가 된다는 것이다.

이 부분을 명심하고 접근해야 할 것이다.

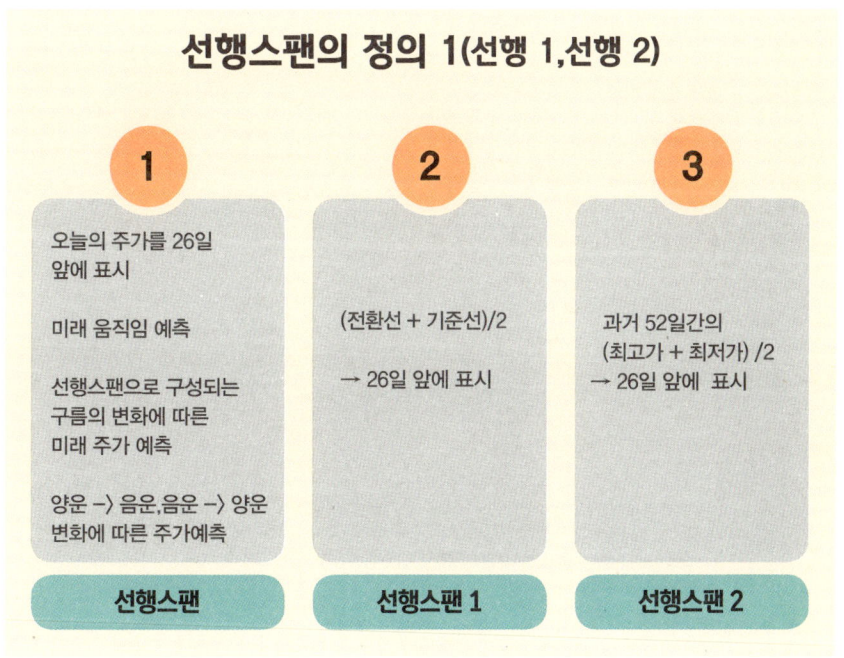

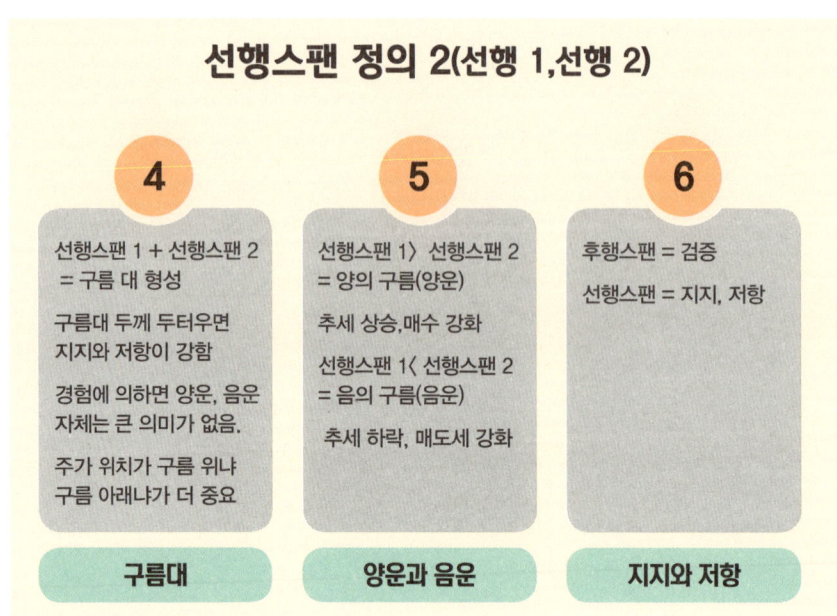

- 후행스팬

마지막으로 후행스팬이라는 것은 오늘의 주가를 26일 뒤에 보내고 나오는 값을 연결한 선이다.

후행스팬이란?

당일 주가 26일 뒤에 표시
주 추세 전환 신호, 지지와 저항
접점 주가 < 후행스팬 : 상승 전환
접점 주가 > 후행스팬 : 하락 전환

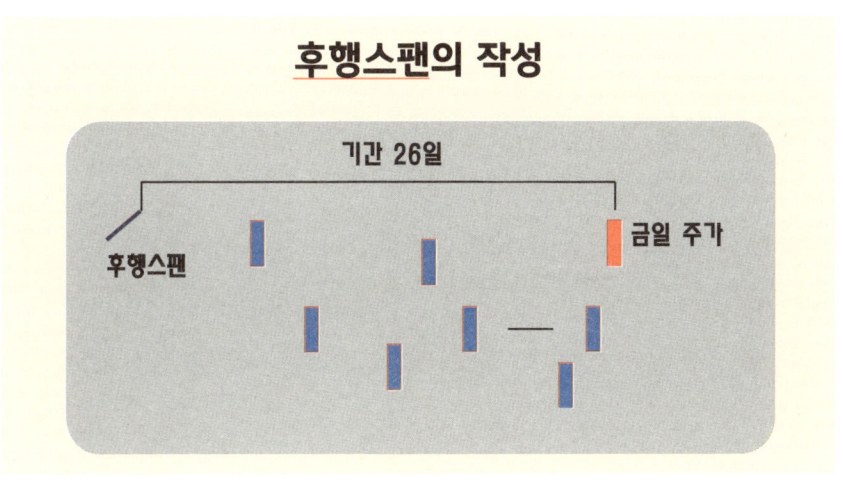

후행스팬의 작성

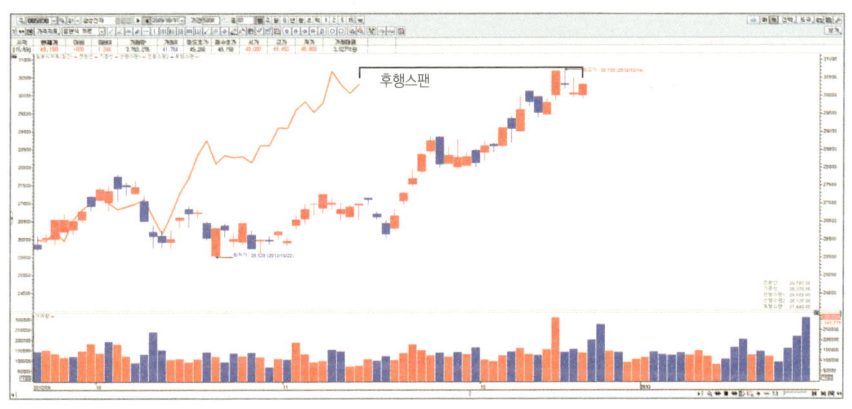

이 후행스팬은 주 추세의 전환신호를 나타내는 것이며 지지와 저항 역할을 한다.

후행스팬과 오늘의 주가를 비교해서 교차점이 나올 때를 접점주가라 하는데 이 후행스팬이 이 접점주가를 상향돌파할 때를 상승전환을 알리는 신호라 보고 후행스팬이 접점주가를 하향돌파할 때를 하락전환신호라 본다.

후행스팬 > 접점주가

후행스팬 < 접점주가

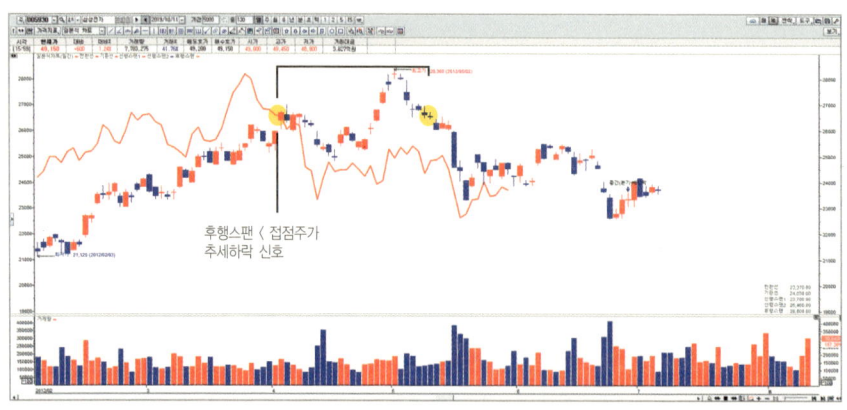

　이렇게 일목균형의 5가지 선에 대해 알아보았으니 이제는 그 선들(기준선, 전환선, 선행스팬 1/2번, 후행스팬)이 만들어내는 또 하나의 일목균형의 핵심적인 내용을 공부해보도록 한다.

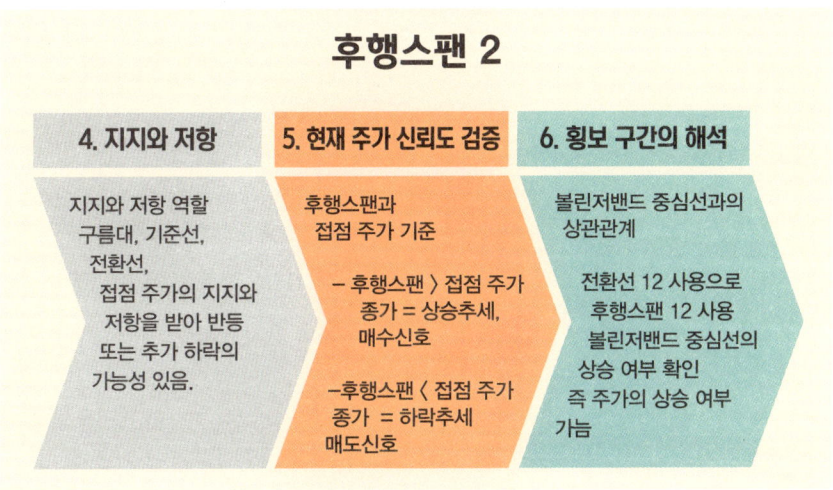

앞서 선행스팬에는 1, 2 두 가지가 있다고 했는데 이는 선행스팬 1과 선행스팬 2는 만들어내는 기간이 두 가지라는 뜻이기도 하다.

- 구름대

선행스팬 1과 선행스팬 2 사이의 공간이 바로 구름대인데 이것은 선행스팬의 위치에 따라 구름대의 모습이 달라지게 된다.

선행스팬과 구름

▶ 선행스팬 1 + 선행스팬 2 = 구름대
▶ 구름대는 지지와 저항 의미
▶ 선행스팬 1 > 선행스팬 2 → 양운
▶ 선행스팬 2 > 선행스팬 1 → 음운

선행스팬 1의 값이 선행스팬 2의 값보다 높게 나올 때 선행스팬 사이의 공간은 양의 기운이 많은 구름대라 하여 양운이라 부르고 선행스팬 2의 값이 선행스팬 1의 값보다 높게 나올 때 만들어지는 선행스팬 사이의 공간은 음의 기운이 강하다고 하여 음운이라고 부른다.

이는 골든크로스, 데드크로스, 역전, 호전과 같은 의미로 보면 될 것이다.

골든크로스는 단기 이평선이 장기이평선을 돌파할 때 상승 기운이 강하다 하여 골든크로스라 하고 호전은 기간이 짧은 전환선이 기간이 긴 기준선을 돌파할 때 상승 기운이 강하다 하여 호전이라고 했다.

선행스팬 1은 기준이 되는 26일만을 변수로 보는데 비해 선행스팬 2는 그 기간이 52일까지 들어가다 보니 선행스팬 2의 기간이 선행스팬 1의 기

선행스팬과 구름대

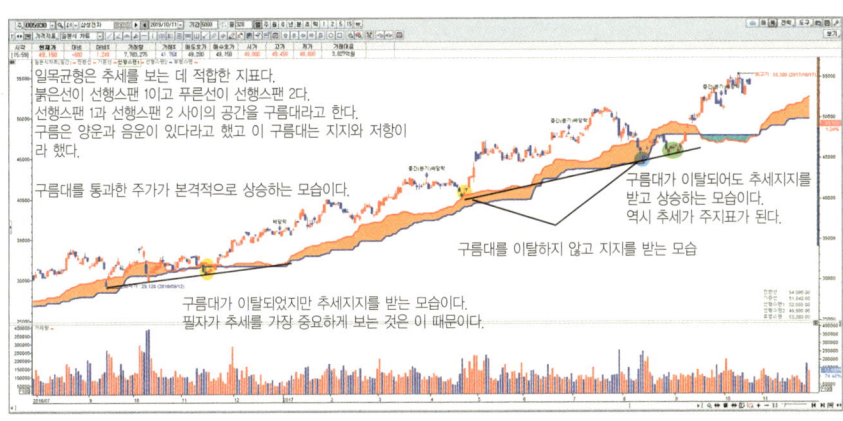

간보다 길다.

이 의미는 구름대도 마찬가지로 기간이 짧은 선행스팬 1이 기간이 긴 선행스팬 2보다 위에 있을 때를 상승의 기운이 강하다 하여 양운이라 부르며 기간이 긴 선행스팬 2가 기간이 짧은 선행스팬 1보다 높을 때를 하락의 기운이 강하다 하여 음운이라 부른다.

선행스팬과 구름대

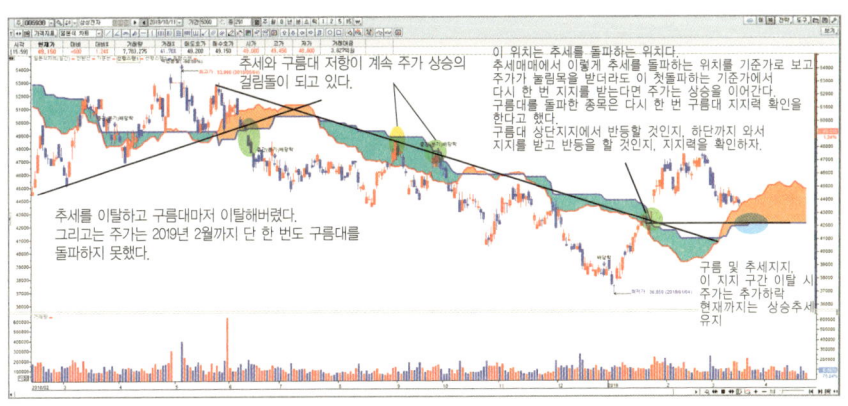

이 구름대는 주가가 양운의 위에 있다면 주가가 상승의 기운을 가지고 있다는 것을, 주가가 음운의 아래에 있다면 주가가 하락의 기운이 강하다는 것을 의미한다.

또한 양운보다 높은 곳에 주가가 있다면 주가가 비록 하락하더라도 양운에서는 지지를 받을 확률이 높다고 하여 이 양운은 강력한 지지를 의미한다.

반대로 음운보다 낮은 위치에서는 주가가 상승하더라도 음운의 기운은 더 이상 주가를 상승시키지 못하는 저항의 역할을 하기도 한다.

또한 일목균형에서는 구름대의 두께가 두꺼울수록 지지나 저항 역시 강력하게 나온다고 해석한다.

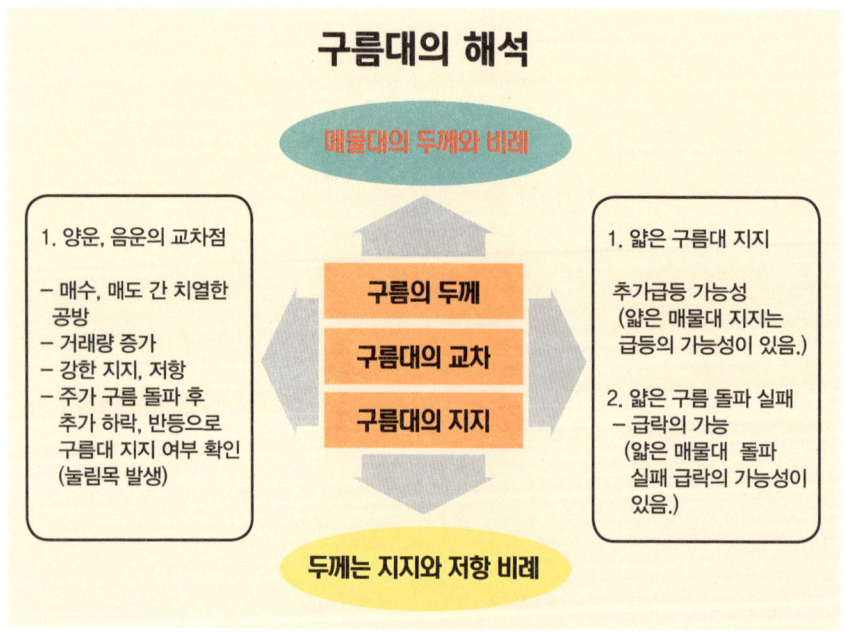

하지만 일목균형을 공부하면서 필자가 나름대로 내린 결론은 이 구름대를 해석할 때 양운이나 음운은 따지지 않고 구름대는 그냥 지지와 저항일 뿐이라는 것이다.

양운과 음운을 따지지 말고 주가가 구름대의 위에 있을 때에는 상승으로 판단하고 구름대의 아래에 있을 때에는 하락의 기준으로 판단한다. 양운 음운은 크게 의미가 없고 구름대 자체가 중요하다고 생각하기 때문에 양운, 음운을 구분하지 않고 해석해 버린다. 중요한 것은 주가의 위치가 구름대 위에 있느냐, 아래에 있느냐이다.

이 구름대를 해석할 때 음운과 양운이 교차되는 교차점이 나오는데 이는 바로 기술적 분석에서 말하는 변곡점을 의미하며 이 변곡점에서는 지키려는 자와 무찌르려는 자 간의 힘의 공방이 치열하게 벌어진다.

그러나 보니 자연 거래량이 증가하게 되며 강한 지지와 저항이 형성되며 이 교차점에서는 주가의 변화를 잘 살펴보아야 한다.

특히 구름대가 얇다는 것은 그만큼 뚫리기도 쉽다는 것을 의미하지만 또한 그 얇은 구름대를 뚫지 못하고 지지된다면 주가는 급등할 가능성이 높아지며 얇은 구름대를 돌파하고 가지 못할 때엔 주가가 급락할 가능성이 높아진다는 것을 의미하기도 한다.

또한 이 구름대를 돌파하게 될 경우 바로 계속해서 상승하기보다는 다시 한 번 구름대의 지지력 테스터를 거치게 되는 데 이는 저항선 돌파 후 눌림목 지지로 해석하면 되며 이탈 후에 다시 한 번 반등하며 구름대 저항력 테스트를 하게 되는 것 역시 이탈 후 반등저항으로 해석하면 될 것이다.

구름대의 해석에서는 두께, 그리고 교차점, 지지와 저항 이렇게 4가지 사항에 대한 판단이 핵심이라는 것을 꼭 명심하고 넘어가도록 하자.

이렇게 해서 일목균형의 가장 기본적이면서도 핵심적인 사항들을 공부하였다.

- 일목균형 핵심 요약(이것만 알면 일목균형의 엑기스를 얻는다.)

마지막 필자의 일목균형 핵심 정리를 하면 다음과 같다.

1. 선행스팬 2의 값에 대해 확실하게 이해할 것.
2. 선행스팬의 이동 값이 26일인 이유는 일목균형의 기준 날짜가 26일 이라는 것을 반드시 명심할 것.
3. 구름대는 양운과 음운이 크게 중요하지 않고 구름대 자체에 의미를 둔다.

이렇게 해서 필자가 가장 중요하게 생각하는 일목균형의 기본 편을 짚고 넘어가는데 공부를 더 하실 분들은 관련 서적을 참고하시면 되겠다.

6장

보조 지표를 알면 주식이 쉬워진다

보조 지표는 보조일 뿐이다. 핵심 몇 가지만 확실히 익히면 충분하다.

보조 지표는 아마도 몇 백 가지는 넘는 보조 지표가 있을 것이고 같은 보조 지표상에 나오는 신호라도 그 해석하는 법은 사람마다 조금씩은 다르게 나온다.

이런 보조 지표는 말 그대로 보조 지표일 뿐이다 이 보조 지표는 캔들, 추세, 거래량, 이평선 같은 주 지표에 조금 더 신뢰성만 부여해주는 보조수단인 것이다.

그렇다고 이 보조 지표들이 정말 정밀하게 주추세를 보조해주는 것도 아니다. 사실 실전에서 우리가 인터넷이나 책에서 배운 대로 이 보조 지표를 적용하다 보면 엄청나게 많은 속임수와 신호의 실패가 나온다.

그렇기 때문에 필자는 이 보조 지표를 그다지 좋아하지 않을 뿐더러 일반적으로 가장 많이 사용하는 MACD나 스토케스닉 같은 보조 지표는 실전에서 거의 사용하지 않는다.

하지만 이러한 보조 지표의 해석을 전혀 모르고 넘어간다는 것도 주식을 하는 사람에게는 문제가 될 수 있다.

그렇기 때문에 보조 지표 편에서는 필자가 꼭 참조만 해야 하는 몇 가지만을 소개하도록 한다.

다시 한 번 말하지만 많은 사람이 보조 지표에서 신호가 나오거나 다이버전스(주가의 추세와 보조 지표의 추세가 반대로 움직이는 현상) 등이 발생하게 되면 무조건적인 매매대응을 하는 데 이는 절대 금물이다.

특히 이 보조 지표에서 다이버전스가 발생하거나 과매수 또는 과매도신호가 발생하는 구간의 경우, 일반적으로 많은 초보 투자자 분이 책에서 배운 대로 과매도신호와 상승다이버전스가 동시에 발생하면 이제 바닥권에서 매수신호가 나왔다며 매수로 대응하거나, 과매수신호가 발생하면서 하락다이버전스가 동시에 발생할 때 이제 고가권에서 매도신호가 나왔다며 매도로 대응해야겠다는 생각을 가지고 매매를 하신다. 이러한 무조건적인 대응은 매우 곤란하다는 것을 미리 말씀드린다.

다른 지표들도 마찬가지겠지만 완벽하고 100%인 지표는 없다. 하지만 이 보조 지표들은 사실 실전에서는 속임수가 너무 많이 나오기 때문에 이 보조 지표는 분명히 보조 지표로만 봐야 한다.

이 말은 주 지표에서 변곡점이나 신호가 발생하지 않는 상태에서 보조 지표에서 매매신호가 나온다고 절대 따라해서는 안 된다는 것이다.

이 보조 지표는 주 지표의 매매신호가 나올 때 그 신뢰성을 뒷받침해주기 위한 것이 보조 지표지 주 지표의 변곡점이 나오지 않은 상태에서 보조 지표의 매매신호만을 보고 성급히 판단해서는 절대 안 된다.

필자가 수많은 강의와 강연회를 해오면서 이 보조 지표의 매매신호를 배웠다고 주 지표에서 신호가 발생하지 않은 상태에서 보조 지표만 신뢰해서 낭패를 보는 경우가 너무나도 많다는 것을 봐왔기 때문에 보조 지표는 주 추세에서의 변곡점에서 보조 지표의 매매신호가 나올 때 그 신뢰도를 높이기 위한 수단으로만 사용되어야만 한다.

여기에서는 많은 보조 지표 중에서도 가장 신뢰성이 높은 보조 지표 몇 개만 짚고 넘어가도록 하겠다.

– MACD매매

이 MACD는 보조 지표 중에서 주가의 추세를 가장 잘 나타내주는 대표적인 지표 중의 하나다.

이 지표는 5가지 정도를 보며 매매할 수 있다.

1. MACD선이 시그널선을 상향돌파하거나 하향돌파할 때를 매매신호로 잡을 수 있고
2. 다이버전스가 발생할 때를 매매신호로 잡을 수 있으며
3. 오실레이터의 길이가 반전을 이룰 때를 매매신호로 잡을 수 있다.
4. 봉의 색깔이 바뀔 때 매매신호로 볼 수 있다.
5. MACD선과 시그널선의 간격이 넓으면 주가의 변동 폭이 아주 크다는 것을 의미하고 그 넓이가 좁으면 주가의 변동 폭이 아주 좁다는

것을 의미한다.

MACD에는 두 개의 선이 존재하는 데 하나는 MACD선이고 또 하나는 Signal선이다.

MACD에 나오는 이 두 개의 선의 값도 일목균형에서 사용되는 수치인 9와 26이 사용된다.

MACD 다이버전스 매매

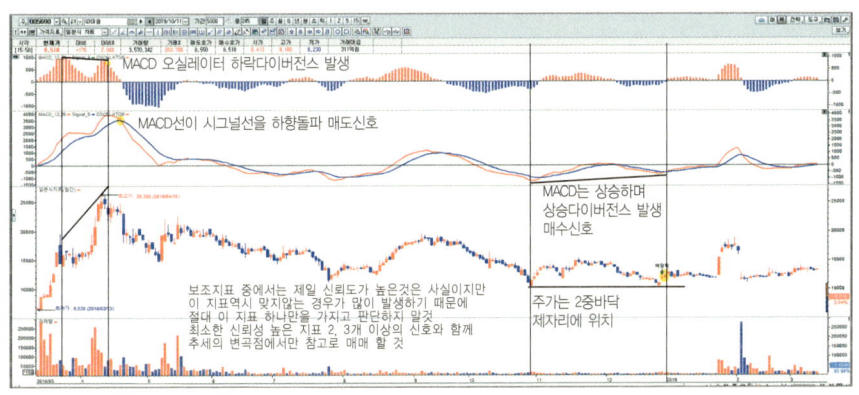

그림은 MACD 다이버전스가 두 가지 경우로 나오는 모습인데 왼쪽의 모습에서는 주가가 상승하지만 MACD 오실레이터의 하락다이버전스가 발생하며 주가가 하락하는 모습을 보이고 있는 것을 알 수 있으며 오른쪽 주가의 흐름은 주가가 이중바닥을 확인하고 있을 때 이미 MACD선과 시그널선이 상승다이버전스를 나타내는 모습을 보이고 있는 것을 알 수 있다.

그후 주가가 상승하는 모습을 보이며 진행되고 있다.

MACD오실레이터매매

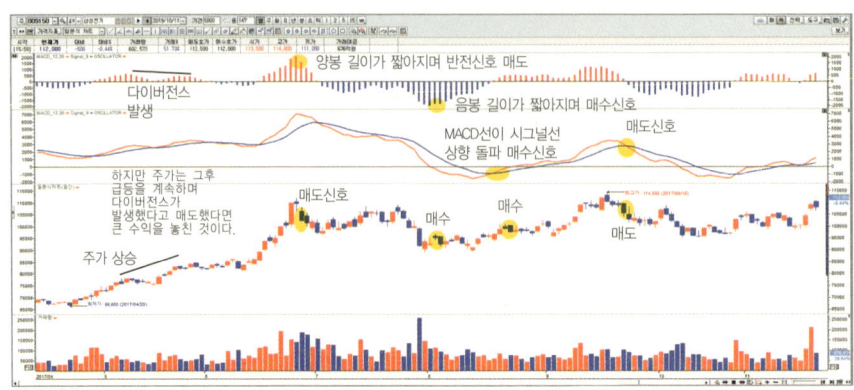

그림 MACD 오실레이터매매에서는 주가의 하락과 주가 고점에서 오실레이터 양봉의 길이가 하락반전하는 모습을 보이면서 주가가 하락하는 것을 알 수 있고 하락 중 MACD오실레이터 음봉의 길이가 짧아지면서 주가가 상승하는 모습을 보이고 MACD선이 시그널 선을 상향돌파하면서 주가가 상승하는 모습을 볼 수 있다.

— 스토캐스틱매매

[STOCHASTIC] 스토캐스틱매매

STOCHASTIC은 현재 주가의 위치가 어디쯤 있는지를 알려주는 지표임.
기본적 K(당일 종가 – 최근 n일간 최저가 /최근 n일간 최고가 – 최근 n일간 최저가)×100%
%K = 기본적 K를 지수이동평균한 값, %D는 % K를 다시 지수이동평균한 값

해석 : 20 이하 과매도 구간 매수 고려, %K가 %D를 골든크로스할 때 매수신호
　　　 80 이상 과매수 구간 매도 고려, %K가 %D를 데드크로스할 때 매도신호
책에 나온 기법은 이러하지만 단순히 이대로 하다간 낭패 보기에 딱 좋다.
책에는 이대로 해서 신호가 맞아 떨어진 것만 서술한 것뿐이다.

오히려 80 이상에서 주가가 크게 오르는 경우가 매우 자주 나오고 20 이하에서 크게 떨어지는 경우가 매우 많이 나온다. 함부로 20 이하라고 매수했다간 쪽박 찬다.
80 이상이라고 매도했다간 땅을 치고 후회하게 될 수도 있다. 명심하고 또 명심하라.
STOCHASTIC 의 매수신호는 일반적으로 50을 넘어설 때는 매수신호로 인정하고 봐도 좋을 것 같다.
하나 이 역시도 스토캐스틱 하나만 보고 매수하는 것보단 최소한 이평과 추세, 캔들을 기본으로 하고 그다음 몇 가지 보조 지표를 더 활용하여 이러한 지표들에 모두 매수신호가 나올 때를 매수신호로 보고 접근하는 것이 좋다.
또한 바닥권 매수신호는 STOC가 10 이하에서 하락을 멈추고 상승전환하는 때를 최소한의 바닥권 매수신호라 보고 접근하고 STOC가 90 이상에서 하락전환할 때를 매도신호라 보고 접근하는 것이 좋다.
정확한 기준선을 어떻게 적용해서 실전 매매신호로 봐야 할지와 관련해서는 각자가 실전 경험으로 본인에 맞는 기준을 잡자.

　스토캐스틱매매는 현재 주가가 어느 정도의 위치에 있는지를 판단하면서 매매하는 기법이다.
　이 스토캐스틱매매 역시 주가와 스토캐스틱의 다이버전스를 이용해서 매매하는 기법이 가장 기본적이다.
　일반적으로 스토캐스틱의 그래프가 80 이상에서는 과매수 구간으로 불리며 주가가 과도한 상승기에 있다고 보며 20 이하에서는 과매도 구간으로 보고 주가가 과도하게 하락하고 있다는 것을 암시하는 것이 기본 분석 기법이다.
　하지만 모든 지표가 다 그러하듯이 과매수기에 접어들었을 때부터 본격적으로 강한 상승이 일어나는 경우가 아주 많이 발생하며 이 스토캐스틱 그래프 역시 80 이상에서 오히려 큰 상승세를 보이는 경우가 많기 때문에 함부로 매도하지 말아야 하며 20 이하의 과매도기 구간이라고 해서 함부로 매수하는 우를 범해서는 안 될 것이다.

스토캐스틱(STOCHASTIC)매매

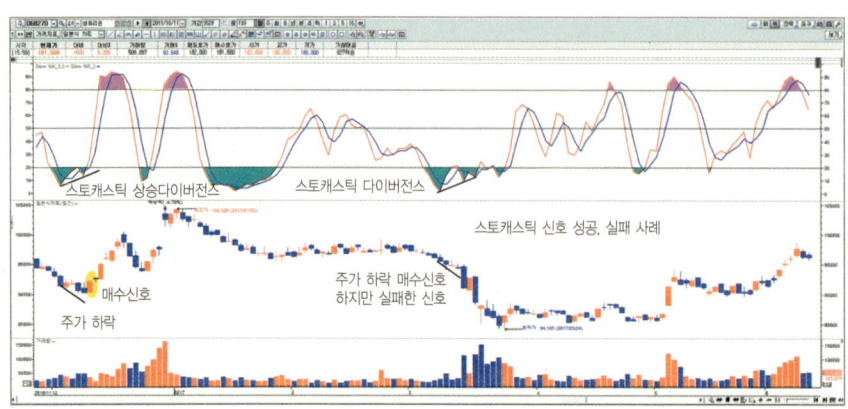

그림에서 왼쪽 주가가 하락하는 모습에서 스토캐스틱의 상승다이버전스가 나오면서 주가는 상승하는 모습을 볼 수 있다.

하지만 반대로 오른쪽 그림을 보면 주가가 하락하는 과정에 스트캐스틱은 상승다이버전스를 나타내고 있지만 주가는 오히려 더욱더 하락하는 모습을 보이고 있는 것을 알 수 있다.

이는 상승다이버전스신호의 실패를 의미하기 때문에 이 신호는 실패한 신호로 판단하고 대응해야 한다.

위 주가는 그림에서 스토캐스틱 과매도 구간인 20 이하(하늘색 부분)에서 급락하는 모습을 볼 수 있다. 이러한 부분을 필히 참고하면서 공부를 하도록 하자.

- RSI매매

> ## [RSI] 상대강도 지표
>
> **RSI(Relative Strength Index)는 상대강도지수로 현재 주가의 움직임이 얼마나 강한 상승 또는 하락추세인가를 보여주는 지표**
> (전체 상승 폭/전체 상승 폭 + 전체 하락 폭) x 100%
>
> 일반적으로 기준선은 50, 70, 30으로 HTS에 잡혀 있다.
> 신호 해석: 50이 넘어설 때 상승전환 매수신호, 70 이상 과매수 구간 매도 고려,
> 　　　　　30 이하 과매도 구간 매수 고려
> 책에 나온 기법은 이러하지만 단순히 이대로 하다간 쪽박 차기에 딱 좋다.
> 책에는 이대로 해서 신호가 맞아 떨어진 것만 서술한 것뿐이다.
> 오히려 70 이상에서 주가가 크게 오르는 경우가 매우 자주 나오고 30 이하에서 크게 떨어지는 경우가 매우 많이 나온다. 함부로 30 이하라고 매수했다간 쪽박 찬다.
> 70 이상이라고 매도했다간 땅을 치고 후회하게 될 수도 있다. 명심하고 또 명심하라.
> RSI의 매수신호는 일반적으로 50을 넘어설 때는 매수신호로 인정하고 봐도 좋을 것 같다.
> 하나 이 역시도 RSI 하나만 보고 매수하는 것보단 최소한 이평과 추세, 캔들을 기본으로 하고 그다음 몇 가지 보조 지표를 더 활용하여 이러한 지표들에 모두 매수신호가 나올 때를 매수신호로 보고 접근하는 것이 좋다.
> 또한 바닥권 매수신호는 RSI가 20 이하에서 하락을 멈추고 상승전환하는 때를 최소한의 바닥권 매수신호라 보고 접근하고 RSI가 70 이상에서 하락전환할 때를 매도신호라 보고 접근하는 것이 좋다.
> 정확한 기준선을 어떻게 적용해서 실전 매매신호로 봐야 할지는 각자가 실전 경험으로 본인에 맞는 기준을 잡자.

　　상대강도지표는 현재 주가의 움직임이 얼마나 강한 상승추세 또는 하락추세로 진행되는지를 보여주는 지표로 일반적으로는 50을 넘겼을 때 상승추세가 하락추세보다 강해졌다고 본다.
　　이 역시 다른 보조 지표와 마찬가지로 과매수권역과 과매도권역이 있으

며 이는 매도신호나 매수신호가 아니란 것을 명심하자.

이 지표 역시 하나의 지표로만 기준으로 매매를 하기보다는 몇 가지 지표를 조합해서 사용하면 신호의 신뢰성이 훨씬 더 높아진다.
이어서 스토캐스틱과 RSI매매 신호를 조합한 그림을 살펴보도록 하자.

STOCHASTIC과 RSI매매

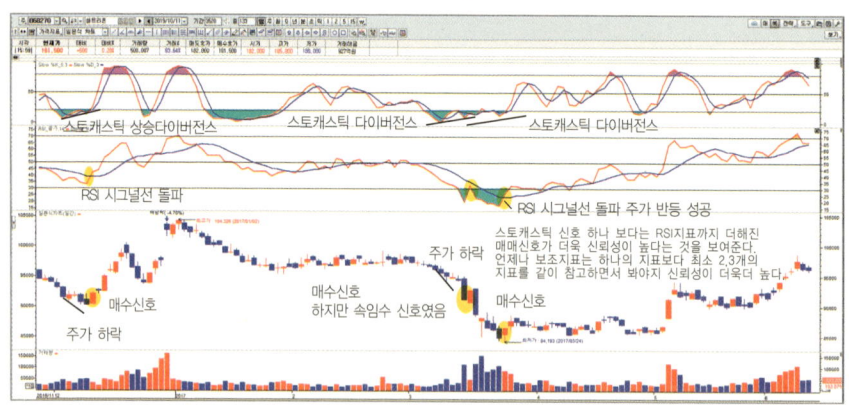

이전에 스토캐스틱 하나로만 신호를 잡았을 때는 분명 매수신호가 나왔지만 RSI신호를 보았을 때는 RSI선이 시그널선을 여전히 돌파하고 있지 못하다는 것을 알 수 있다.

이 RSI선 역시 다른 보조 지표인 MACD선이나 스토캐스틱선과 마찬가지로 시그널선을 돌파할 때를 매수신호로 잡는데 이 그림에서 스토캐스틱의 신호는 매수로 나오지만 RSI는 여전히 시그널선을 돌파하지 못하는 모습이 나오기 때문에 그만큼 매수신호로서의 신뢰성이 떨어지는 것이다.

하지만 그다음 모습에서는 스토캐스틱의 다이버전스와 함께 RSI선이 시그널선을 돌파하는 두 가지 보조 지표의 매매신호가 동시에 들어오는 구간부터는 주가가 추가하락 없이 상승하는 것을 볼 수 있다.

즉 하나의 보조 지표만을 기준으로 매매를 하는 것보다 여러 가지, 최소한 두세 가지 보조 지표를 동시에 놓고 신호가 동시다발적으로 들어오는 때를 매매의 신호로 잡는 것이 가장 좋은 방법이다.

- DMI매매

[DMI] 주가의 추세를 알아보는 지표

Directional Movement Index
이 지표는 일반적으로 ADX 지표와 같이 사용하여 여러 가지 복잡한 선이 많이 나온다. 하지만 필자의 DMI 지표 실전에서는 그런 복잡한 선들은 전부 무시한다.
오로지 +DI의 값만 참고하여 그 값이 주가의 고가권 신호인지 저가권 신호인지만 참고해서 어디서 매수를 하고 어디서 매도를 할지 결정짓기만 하면 되는 것이다.
이 지표 역시 신뢰도를 높이기 위해서 HTS 상에는 ADX라는 지표와 동시에 신호가 나오게 되어 있지만 이 지표만으로는 신뢰성이 떨어진다.
이 지표 역시 앞서 언급한 RSI, STOCHASTIC, MACD 등과 혼합하여 사용해야 한다. 특히 이 지표는 다른 지표와 함께 추세 돌파 시 매수 결정을 하는 데 결정적인 신호를 주는 아주 중요한 지표다. 앞서 매수신호로 몇 가지 주 차트에서 나오는 신호 포착 공식(추세돌파 + 일목균형)을 배웠는데 이 DMI가 첨가된다면 그 신뢰도가 엄청나게 올라가게 된다. 앞에서 나온 공식 2가지를 조합하더라도 DMI 지표와 추세가 빠지게 된다면 오히려 속임수에 당하게 될 가능성이 아주 높기 때문에 이 DMI 지표의 기준을 꼭 알아야 한다.

결론: 주가의 매수신호는 아래의 모든 조건이 충족할 때 매수신호로 본다.
매수신호 : 추세 + 일목균형 + 거래량 + DMI + RSI + STOCHASTIC + MACD 외 기타 신호

DMI매매의 핵심

[DMI] +DI만 참조한다

- 증권 서적이나 인터넷에 나와 있는 지표 해석을 믿지 말라.
  보조 지표는 항상 맞아 떨어진 것만 캡처해서 매매 포인트라고 말한다.
  신호의 실패로 엉터리 매매 타임이 되어 손절해야 하는 경우가 훨씬 더 많다.
  그런 경우 절대 노출시키지 않을 뿐이다. 무조건 믿지 말고 꼭 그 핵심만 참고 사항으로만 활용하라.
- 이 지표는 주가가 과도한 하락(낙폭과대)에 대한 주가의 위치를 파악하는 데 참고하는 정도로만 활용하고 매매 포인트는 진폭매매와 캔들매매, 기준가매매의 급소 포인트에서만 활용하도록 한다.
  이 외 이격도 보조 지표도 급락 종목 매매 포인트로 활용하는 데 참고가 될만 하며 이 역시 진폭과 캔들매매가 기준이 되어야 하지만 이격도 보조 지표도 신뢰도가 높다. 모든 기술적 분석의 핵심은 진폭매매와 기준가매매가 되어야한다.
  이 지표는 이평파동의 최소 3파동(12, 23), (23,60)에서 +DI가 10 이하일 때 매수 급소 포인트로 공략한다.
  기타 MACD,STOCHASTIC 등등의 지표도 보조 지표로 많이 사용된다.

이 지표는 주가의 추세를 알아보는 지표인데 필자의 경우에는 ADX선을 전부 지우고 낙폭과대나 과매수 영역의 참고 지표로만 사용한다.

이 지표 역시 하나의 지표로만 보기보다는 위에서 공부한 여러 가지 지표를 조합해서 사용하는 것이 신뢰도를 높이는 데 유용할 것이다.

- 한 가지 보조 지표에 매몰되지 말라

아래 그림은 우리가 배웠던 MACD, STOCHASTIC, RSI, DMI를 복합적으로 사용한 차트의 모습인데 가장 왼쪽과 가장 오른쪽의 매매 타임은

MACD, STOCHASTIC, RSI, DMI 모두 매수 신호가 나오는 모습에서 주가가 모두 상승하는 모습을 보이고 있고 중간의 두 매매 포인트에서는 STOCHASTIC, DMI에서만 매수신호가 발생하는 모습을 보이며 매수의 유혹이 강하게 일어났지만 주가는 결국 상승보다는 하락 쪽으로 방향을 잡고 말았다.

이렇듯 보조 지표는 최소 3개 이상의 신호가 나오는 모습을 보일 때 신뢰성이 높다고 보며 매매에 들어가는 것이 좋다.

STOCHASTIC, RSI, MACD, DMI 매매

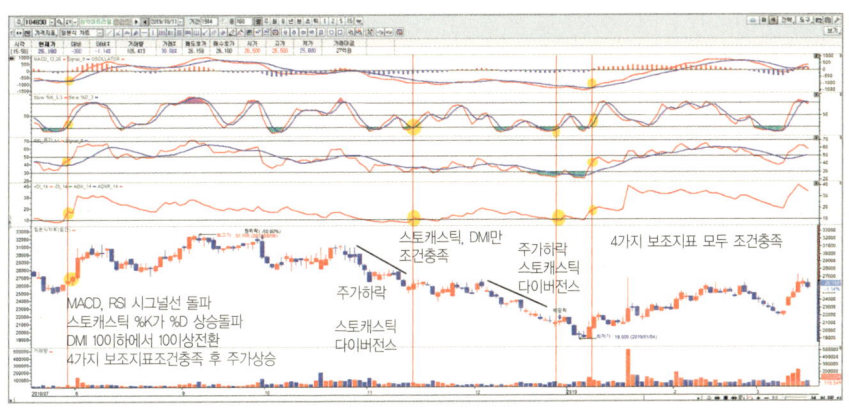

이제까지 우리는 보조 지표인 일목균형 그리고 MACD, STOCHASTIC, RSI, DMI 등을 공부하였다.

여기서 최소한 지표로서 신뢰성을 가지고 매매에 임한다고 할 때 일목균형과 MACD, STOCHASTIC, RSI, DMI 중 최소 2개 이상 그리고 캔들과 거래량 추세 이 정도의 조합을 가지고 가능한 한 이 모두의 신호가 일치하는 위치에서 매매를 할 때 투자 성공 확률을 더욱 높일 수 있을 것이다.

물론 이 외에도 여러 가지 보조 지표가 많겠지만 아무리 많은 보조 지표도 확실하게 본인의 것으로 만들지 못한다면 소용없기 때문에 확실하게 본인에게 맞는, 그리고 본인이 확신할 수 있는 지표 몇 가지만 정해 놓고 완벽하게 익히고 난 후 투자에 임하는 것이 좋다.

- 매매신호의 핵심

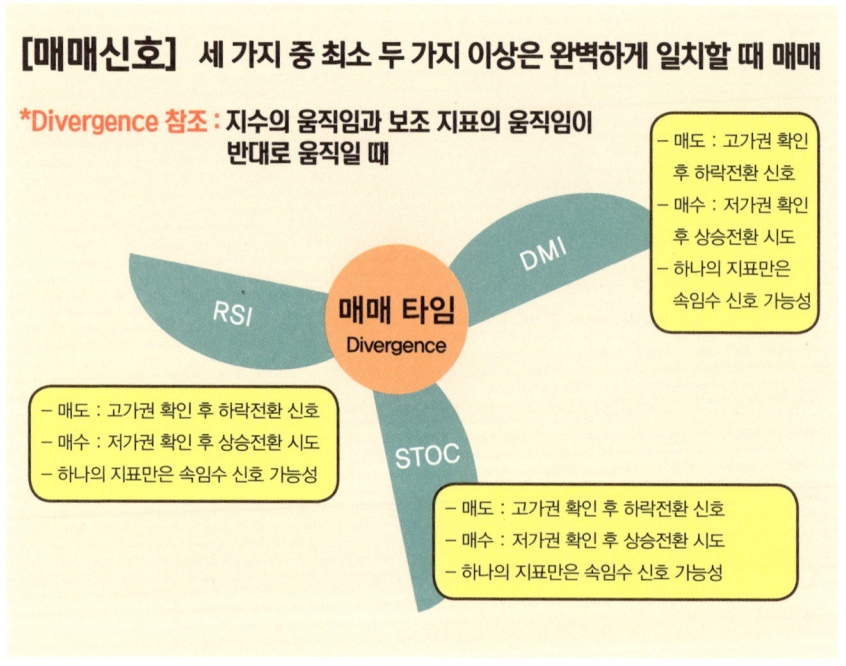

7장

초보자도 할 수 있는 인공지능 AI매매

기본적인 인공지능 AI매매 방법을 알아야 주식이 쉬워진다.
매수 종목 검색을 하기 위한 막강 툴… 기본 인공지능 매매

1. 매수 급소 종목을 실시간으로 직접 발굴하자

4차 산업혁명 시대를 맞이하여 가장 큰 수혜를 입을 수 있는 업종이 통신, 반도체, 스마트폰, 빅데이터 등이다.

어찌 보면 모든 업종과 산업이 모두 4차 산업혁명의 수혜를 입을 수 있을 정도로 4차산업 혁명은 방대하기 짝이 없다.

그중에서 가장 수혜를 많이 입는 3가지 업종을 꼽으라고 하면 바로 반도체와 통신 그리고 스마트폰이라 할 수 있을 것이다.

스마트폰이 그 수혜를 입는 이유는 바로 리모트콘트롤 역할을 해주기 때문이다.

2019년 5월 중순 현재 미중 무역분쟁으로 인하여 시장이 급락하면서 하루 1,500개 종목이 하락하며 끝을 모르는 하락장에서도 테마주가 뜨고 히토류나 정치인 테마주 이외 정말 성장성을 가지고 산업혁명의 수혜를 입는 5G 관련 업종들이 급등하는 이유도 결국은 통신 스마트폰 관련 주들이 바로 4차 산업혁명의 중심에 서 있는 업종의 종목들이기 때문이다.

이런 4차 산업혁명에서는 필연적으로 위에서 언급한 산업 외에 또 하나의 산업이 대두되는데 바로 AI산업 즉 인공지능 관련 사업이다.

현재 우리나라의 주식시장에서도 인공지능으로 무장한 매매 타임을 제공하는 서비스가 갈수록 증가하고 있는 실정이다.

모든 증권사에서 무료 또는 유료로 제공하는 모든 인공지능 매매 정보는 우리가 위에서 공부한 모든 정보를 알고리즘으로 입력하고 분석해서 나온 결과를 산출해서 매매할 종목을 선정하고 매수 타임 그리고 매도 타임을 찾아서 정보를 제공한다.

하지만 일반 투자자들은 이러한 정보를 HTS 상에서 구현하기가 쉽지 않을 뿐더러 한다고 하더라도 상당히 전문가적인 컴퓨터 프로그램을 공부

하지 않으면 현실적으로는 불가능하다.

또한 이렇게 구현되는 프로그램을 구입해서 사용하려면 아주 많은 비용이 든다.

하지만 각 증권사의 모든 HTS에서는 조건 검색이란 기능을 첨부하여 인공지능의 가장 기본적인 기능을 모든 투자자가 구현할 수 있도록 해놓았다.

우리는 인공지능의 가장 기본적이라고 할 수 있는 이 조건 검색식을 작성하여 실시간으로 우리가 지금까지 공부한 것을 토대로, 매매 타임을 완벽하게 잡아서 정보를 제공하지는 못하더라도 최소한 매수해도 되는 종목과 매수 타임에 들어오는 종목을 실시간으로 검색한 후 우리가 공부한 모든 지식을 총동원해서 그 종목의 매매를 결정하면 되는 것이다.

주식 투자를 할 때 가장 먼저 해야 할 일은 최우선 순위로 매수해야 하는 종목을 검색하거나 매수해도 되는 타임에 오는 종목을 실시간으로 발굴하는 것이다. 따라서 투자를 더욱 쉽고 효율적이고 시간을 절약하기 위해서는 반드시 인공지능 매매의 가장 기본이 되는 조건 검색식을 공부하고 이용해야 한다.

이렇게 조건식을 만들어 실시간으로 매매 타임에 들어오는 종목들 중에서 가장 적절하게 매매조건에 일치하는 종목들을 선정 후 조건식에는 미처 포함되지 않았던 여러 가지 그 종목에 대한 정보를 토대로 매매하면 되는 것이다.

2. 인공지능 매매의 기본

[조건 검색 사용 기호] 키움증권 기준

※ 지금까지 배운 매수 공식을 토대로 이제 실시간 매수 포착 종목을 알아보자.

공식에 사용되는 명령어
AND, OR, ( ), (X), !, X
AND: 조건 선택 시 자동 입력, 원하는 조건이 모두 충족 시 사용
OR : 원하는 조건 아무거나 한 개만 충족될 때 사용, AND에 마우스를 대면
↖ 표시 날 때 두 번 클릭 OR에서 AND로 바꿀 때도 똑같은 방법으로
( ) : 원하는 조건을 한꺼번에 묶어서 사용할 때 적용, 선택(범위 지정) 후
( ) 표시 누름,
선택(범위 지정)은 조건식 처음에 마우스 화살표를 위치시키고 왼쪽 한 번
클릭 후 원하는 위치까지 오른쪽으로 당기면 푸른색으로 바뀌면서
범위가 지정되고 나면 ( ) 표시 누름
(X) : 위 방법과 마찬가지로 범위 지정 후 (X) 표시를 누르면 ( ) 해제
 ! : 원하는 조건이 아닐 때 사용, 즉 난 이런 조건에 해당하는 것들은 검색하기
싫을 때
예를 들어 모든 매수 조건에 해당되는 종목이 검색되더라도 절대 매수해서는
안 되는 종목인 관리 종목, 또는 최근 5년간 영업이익이 적자 종목으로 언제
상폐될지 모르는 종목은 검색하지 말라는 기호
 X : 선택(범위 지정)한 것을 전부 해제할 때 사용

3. 인공지능매매에 사용되는 기초 수식을 이해

우선 조건 검색식을 하기 위해서는 가장 먼저 캔들차트에서 매운 양봉과 음봉의 의미를 알아야 한다.

양봉이란 것은 오늘의 종가가 오늘의 시가보다 큰 것을 의미하고 이를 식으로 표현하자면 종가 > 시가다.

이는 조건 검색식을 작성하는 데 가장 기본이 되는 부분이다.

오늘을 기준일로 잡았을 때 오늘의 수치는 0일이 되는 것이다.

그럼 어제는 오늘을 기준으로 1일 전이 되는 것이며, 그제는 오늘을 기준으로 2일 전이 되는 것이다.

만약 30분 봉을 기준으로 한다면 현재 30분 봉은 0봉 되는 것이고 30분 전 봉은 1봉 전 봉이 된다.

그다음 공부하는 명령어는 우리가 모두 알고 있는 명령어들로 초보자라도 알 수 있기 때문에 특별히 어려운 것이 없다.

[바닥권 역망치] 키움증권 기준

※ 바닥권 양봉 역망치 조건식 작성

우선 바닥권이란 말을 이해해야 한다. 주가가 상승하는 종목을 바닥권이라 하지는 않을 것이다.
즉 기본적인 개념은 주가가 하락 즉 역배열일 때를 바닥권 구간이라고 볼 수 있다.
그러면 기본적인 조건이 역배열이란 조건을 필수적으로 넣고 식을 만들어야 한다.
이것을 전제로 예를 들어 식을 한 번 만들자.

1. 역배열 : 단기(5) 이평선의 값 〈 장기(120) 이평선의 값(개인 취향에 따라 달리 적용)
   주가의 위치에 따라 달라지지만 일단 쉽게 이해할 수 있도록 이평선 값의 차이를 크게 두고 검색해 보자
2. 역망치: 시가 = 저가 AND 종가 〈 고가 AND 종가 〉 시가 또는
   시가 대비 저가 등락율이 0.0% AND 종가가 고가보다 -0.01% 이하
   AND 종가가 시가 대비 0.01% 이상으로 표시

검색식: 1번 AND 2번(역망치 + 상승샅바형)으로 검색한다.

실전 예)

***역망치형패턴 매수 급소 종목 실시간 검출 프로그램 작성**

※ **바닥권 매수의 꽃이라 불리우는 바닥권 양봉역망치+망치 조건식 작성**

우선 바닥권이란 말을 이해해야 한다. 주가가 상승하는 종목을 바닥권이라 하지는 않을 것이다.
즉 기본적인 개념은 주가가 하락 즉 역배열일 때를 바닥권 구간이라고 볼 수 있다.
그러면 역배열이란 조건을 필수적으로 넣고 식을 만들어야 한다.
이것을 전제로 예를 들어 식을 한 번 만들자.

1. 12 이평선 〈 23 이평선 〈 60 이평선 〈 120 이평선(완전 역배열 종목)
   이평선 비교값은 개인 취향에 따라 적용하자.
2. 역망치: 시가 = 저가 AND 종가 〈 고가 AND 종가 〉 시가 또는
   시가 대비 저가 등락률이 0.0% AND 종가가 고가보다. –0.01% 이하 AND
   종가가 시가 대비 0.01% 이상으로 표시
3. 망치 : 종가 = 고가 AND 시가 〉 저가 AND (종가) 〉 시가)
   우선 위 조건을 기본적으로 충족해야지만 역망치+망치 패턴을 검색할 수 있다.
   여기서 우리는 꼭 한 가지를 기억해야 한다.
   2번과 3번식에서 동시에 다른 조건 없이 같이 사용하면 하루에 같은 캔들이
   두 개가 동시에 발생하기 때문에 절대 검색되지 않는다.
   그렇기 때문에 우리는 아래 참고 항목에 있는 조건을 하나 더 첨부해야 한다.
4. 또한 우리가 원하는 역망치+망치 패턴은 어제보다 주가가 하락한 패턴이 아니라 상승 마무리한 역망치+망치 패턴을 말한다. 즉 오늘의 종가는 어제의 종가보다 높아야 하기 때문에 1봉 전(어제) 종가 〈 0봉 전(오늘) 종가 이런 식이 하나 더 첨부되어야 한다.

참고: 역망치+망치 패턴에서 주목 할 것이 오늘은 망치가 나와야 하며 어제는 역망치가 나오는 것을 의미하기 때문에 오늘 기준을 0봉 전이라 하고 어제를 1봉 전이라고 해야 한다.

검색식: 0봉 전 기준 1번 AND 1봉 전 기준 2번 AND 0봉 전 기준 3번 AND 4번
  → 이렇게 작성되어야 된다.

이것 역시 조건 검색을 하는 데 가장 기본이 되는 개념이다.

이 부분의 개념만 정확히 알고 있다면 조건 검색식 작성은 이미 50% 이상은 마스터한 것이라고 볼 수 있다.

그 나머지는 이 부분을 바탕으로 하나하나 작성해 나가기만 하면 된다.

*바닥권에서 양봉역망치형패턴 + 망치형패턴의 매수 급소 종목의 실시간 검출 프로그램 작성

다음은 실전 기본 예제로 바닥권 양봉역망치형패턴+망치형패턴을 검색식으로 만들어 본 것이다.

여기에는 바닥권 접근을 알리는 DMI나 RSI에 대한 부분은 추가하지 않고 쉽게 역배열로만 예제로 하여 캔들로만 기준을 잡아 표시한 것이니 더욱 정밀하고 자세한 부분은 직접 공부하고 연구해서 자신만의 무기가 될 수 있는 막강 조건 검색식을 만들어 성공투자를 하기 바란다.